Patrick Grub

Der effektive Einsatz von Performance-Management-Systemen

Wie Unternehmen neue Strategien implementieren können

Bibliografische Information der Deutschen Nationalbibliothek:

Die Deutsche Nationalbibliothek verzeichnet diese Publikation in der Deutschen Nationalbibliografie; detaillierte bibliografische Daten sind im Internet über http://dnb.d-nb.de abrufbar.

Impressum:

Copyright © EconoBooks 2021

Ein Imprint der GRIN Publishing GmbH, München

Druck und Bindung: Books on Demand GmbH, Norderstedt, Germany

Covergestaltung: GRIN Publishing GmbH

II

Inhaltsverzeichnis

Abbildungsverzeichnis

Abkürzungsverzeichnis

abgek.	abgekürzt
BSC	Balanced Scorecard
bzw.	beziehungsweise
DL	Dienstleistung
Hervorheb. d. Verf	Hervorhebung des Verfassers
Hervorheb. i. O	Hervorhebung im Original
i. F.	im Fall
o.V.	ohne Verfasser
PMS	Performance-Management-System
Übers. d. Verf	Übersetzung des Verfassers
Unt.	Unternehmen
vgl	Vergleich
z. B	zum Beispiel
zit. n.	zitiert nach

1 Einleitung

In einer Zeit, in der der Wettbewerbsdruck durch die Globalisierung, sowie auch durch technische Neuerungen wie Industrie 4.0 immer weiter zunimmt, ist es unerlässlich ein System in die Unternehmensstruktur zu implementieren, mit welchem die strategischen Ziele und Visionen eines Unternehmens auf der operativen Ebene besser und verständlicher umgesetzt, gemessen und an den sich ständig wechselnden Umweltbedingungen angepasst werden können.

In der Literatur stößt man in diesem Zusammenhang häufig auf die Begriffe: „Performance Measurement" und „Performance Management".

In der vorliegenden Arbeit soll deswegen auf die folgenden Fragen eingegangen werden:

- Was ist Performance Management und Measurement?
- Warum sind traditionelle Kennzahlensysteme nicht ausreichend um ein Unternehmen zu steuern?
- Was für Anforderungen muss ein Performance-System erfüllen?
- Wie muss ein solches System aufgebaut sein?
- Was für Probleme treten bei der Implementierung von Strategien auf?
- Ist es möglich diese Probleme zu beheben?
- Und wenn ja, ist das Performance-Management-System somit uneingeschränkt zu empfehlen?

Um Antworten auf diese Fragen zu finden, wird sich diese Arbeit zuallererst mit den Begriffen „Performance", sowie „Management" und „Measurement" auseinandersetzen, um einen Bezug zur Materie herzustellen. Nach der Klärung der Begrifflichkeiten soll auf die Performancemessung eingegangen werden. Die Beantwortung der Frage „warum" man Performance messen muss, steht im Mittelpunkt dieses Abschnitts. Die Frage nach dem „was" gemessen werden soll, wird im darauffolgenden Kapitel anhand der Veranschaulichung eines klassischen Steuerungssystemes erklärt und führt die Gründe an, weshalb ein neues Steuerungssystem vonnöten ist. In Kapitel 2.4 wird dann anhand einer Argumentation verschiedener Autoren versucht, die in der Literatur sich oft widersprechenden Begriffe „Performance Measurement" und „Performance Management" voneinander abzugrenzen. Im gleichen Abschnitt wird über die Anforderungen gesprochen, welche ein neues Performancesystem zu erfüllen hat. Im darauffolgenden Abschnitt soll anhand eines Grundkonzeptes der Aufbau eines solchen Systems, und anschließend durch ein in Unternehmen angewendetes Instrument, der „Balanced Scorecard", erklärt werden. Zum besseren Verständnis werden dann im selben Abschnitt die Perspektiven, als auch die Auswahl der Kennzahlen weiter gefasst ausgeführt. Der Bezug zur Strategie, wird durch die Verknüpfung des „Balanced-Scorecard-Ansatzes" mit der „Strategy Map" in Kapitel 3.3 über die Ursache-Wirkungsbeziehungen hergestellt. Darauffolgend soll in Kapitel vier auf die häufigsten Probleme, die bei der Strategieumsetzung auftreten eingegangen werden. Das restliche Kapitel vier wird sich dann mit der Lösung der Strategieprobleme befassen. Dabei soll jedoch im Gegensatz zu Kapitel drei, die Balanced Scorecard gemeinsam mit der „Strategy Map" als ein Performance-Management-System betrachtet, und in einem geschlossenen Managementkreislauf integriert werden. Hierdurch soll ein praxistaugliches Performance-Management-System entstehen, welches im letzten Abschnitt des Kapitels noch einmal kritisch analysiert, und auf uneingeschränkte Gültigkeit hin überprüft wird. Im Schlussteil wird dann das geschriebene noch einmal rückblickend betrachtet, zusammengefasst und Bezug zu den anfänglichen Fragen genommen.

2 Performance Measurement und Performance Management

2.1 Performance im Kontext zu Measurement und Management

„Performance" ist ein Begriff, der in der Literatur je nach Bezug und Schwerpunkt anders interpretiert wird. Dabei entscheidet der Beobachter was als „Performance" gilt und wie man sie misst (vgl. Lebas, 1995 p. 23-29). Frei übersetzt heißt „Performance", „Leistung". Das Wort Leistung ist dabei eng mit dem Messen der „Leistung" verknüpft. Das messen der eigenen Leistung, bzw. die Bewertung dieser, lernt man bereits in der Schule kennen. Dort wird als „Leistung" das Schreiben von Klassenarbeiten und Prüfungen, aber auch das Halten von Präsentationen mit anschließender Leistungsbeurteilung (Noten) verstanden. Das bedeutet, dass eine Leistung als schlecht, mittelmäßig oder als Gut bewertet werden kann; je nachdem was als Maßstab/Messinstrument angesetzt wird.

Bei Verknüpfung von „Performance" mit „Measurement" kommt man so zu dem Schluss, dass es sich hierbei um ein Messinstrument zur reinen „Leistungsmessung" handeln muss. Diese Aussage ist als kritisch zu betrachten, da ein „Performance Measurement" (hier: In Bezug auf das Controlling und Rechnungswesen) eng mit den Führungsphasen des Planungs- und Kontrollsystem verbunden ist und Zielbildungs- sowie Feedbackprozesse beinhaltet (vgl. Gleich, 2001 (a) S. 21). Außerdem ist die „Messung" der Leistung ein Werkzeug, mit welchem man die Aufmerksamkeit einer Organisation auf die Ziele ausrichtet. Somit trägt die „Leistungsmessung" als solche zur Entscheidungsunterstützung der Führungskräfte als auch zur Verhaltensbeeinflussung der Mitarbeiter bei (vgl. Hoffmann, 2000 S. 8).

Ebenso bedeutet das Wort „Management" in „Performance Management" nicht einfach nur das „Steuern" von Leistung. Vielmehr kann es auch in Verbindung mit Institution (z. B. Personen, die leitende Aufgaben in einem Unt. ausführen), Funktionen (alle Tätigkeiten von Führungskräften in sämtlichen Bereichen in einem Unt.), Methoden („Management by-Konzepte") oder als besondere Form des Managements, wie beispielsweise globales oder interkulturelles Management, in Zusammenhang gebracht werden (vgl. o. V., 2013).

Aus diesem Grund finden die Begriffe „Performance Measurement" und „Performance Management" in der Literatur, von Controlling und finanzmarktorientierten Bereichen bis hin zu organisatorischen und personalwirtschaftlichen Gebieten, Verwendung (vgl. Hoffmann, 2000 S.7).

In dieser Arbeit wird das Wort „Performance" deshalb weiter gefasst definiert:

„Performance is defined as the potential for future successful implementation of actions in order to reach the objectives and targets" (Hervorheb. d. Verf. Lebas, 1995 p. 23).

2.2 Performancemessung

Bevor man jedoch auf die moderne Art der Leistungsgestaltung eingehen kann, muss man sich bei der Bestimmung von Leistungsgrößen zwei grundlegende Fragen stellen (vgl. Hoffmann, 2000 S. 9):

- Warum misst man in einem Unternehmen?

- Was wird in einem Unternehmen als Leistung gemessen?

Um die Frage nach dem „Warum" zu klären, nennt Lebas fünf Ursachen, bei denen Planungs-, Koordinations- und Kontrollaufgaben im Mittelpunkt stehen. Die Ursachen lassen sich wie folgt formulieren (vgl. Lebas, 1995, p. 24, zit. n. Hoffmann, 2000 S. 9 f.):

- *,Wo stand die Organisation in der Vergangenheit?'* (Hervorheb. i. O. vgl. Hoffmann, 2000 S. 9).

Jedes Unternehmen sollte diese Frage beantworten können, erlaubt sie doch Einblicke in die jüngste Entwicklung einer Organisation. Dies bildet die Grundlage auf der man Leistung honorieren kann; welche meistens vergangenheitsorientiert gemessen wird.

Ferner werden dadurch auch Daten ermittelt, die auch für zukünftige Projektionen benutzt werden können (vgl. Hoffmann, 2000 S. 9).

- *,Wo steht die Organisation heute?'* (Hervorheb. i. O. vgl. Hoffmann, 2000 S. 9).

Bei dieser Fragestellung sollte es um die Leistungsmessung von Informationen aller Dimensionen gehen, die den gegenwärtigen Zustand einer Organisation definieren (vgl. Hoffmann, 2000 S. 9).

Diese beinhaltet die Verantwortungsdimension, welche sich aus der Unternehmensleistung, aus Teamleistungen oder aus individuellen Leistungen zusammensetzt. Des Weiteren werden finanzielle, operative oder soziale Leistungen in der „Leistungsformdimension" berücksichtigt (vgl. Shenar, et al., 1996, zit. n. Schedler, 2005, S. 15).

Außerdem sollte man, aus der momentanen Unternehmenssituation, Rückschlüsse auf zukünftige Problemfelder und Potentiale ziehen (vgl. Hoffmann, 2000 S. 9).

- *‚Wohin soll sich die Organisation in Zukunft entwickeln?'* (Hervorheb. i. O. Hoffmann, 2000 S. 10).

Bei dieser Frage sollten Messgrößen bei der Umsetzung zukünftiger Ziele helfen, indem sie u.a. Zielwerte bereitstellen und bei der Entwicklung und Konkretisierung von Aktionsplänen unterstützend mitwirken (vgl. Grady, 1991 S. 50, zit. n. Hoffmann, 2000 S. 10).

- *‚Wie wird die Organisation dorthin gelangen?'* (Hoffmann, 2000 S. 10).

Hoffmann beschreibt dies wie folgt: „Bei Planungs- und Budgetierungsprozessen können Messgrössen [sic!] ebenso wie bei Prozessen der kontinuierlichen Verbesserung das Fundament liefern. Damit bilden sie die Basis für Abstimmungsprozesse, die die Umsetzung von Zukunftsplänen betreffen" (Hoffmann, 2000 S. 10).

- *‚Woran wird die Organisation erkennen, dass sie ihre Ziele erreicht hat?'* (Hoffmann, 2000 S. 10).

Mithilfe von sogenannten „Feedback-Schleifen" können durch Messgrößen Informationen über den Grad der Zielerreichung bereitgestellt werden (vgl. Hyndman 1997, p. 50, zit. n. Hoffmann, 2000 S. 10). „Feedback-Schleifen" sind Rückmeldungen, im Sinne von Gesprächen, über Prozesse und Projekte, aber auch über Arbeitsweisen, die in regelmäßigen zeitlichen Abständen abgehalten werden; dadurch ist es möglich, vorangegangenes zu überprüfen, Korrekturen vorzunehmen wo sie angebracht sind, sowie zu ermitteln, ob das Ziel bereits erreicht worden ist.

Die hier gewonnenen Informationen dienen der Leistungsverbesserung und der Leistungshonorierung und wirken unterstützend bei der Einleitung von neuen Planungsprozessen (vgl. Hyndman, 1997 S. 30, zit. n. Hoffmann, 2000 S. 10).

Das „Warum" man in einem Unternehmen messen sollte, ist dabei eng mit den Informationsbedürfnissen der Anspruchsgruppen verknüpft; den sogenannten Stakeholdern, die Kunden, Staaten, Zulieferer und Mitarbeiter repräsentieren. Diese bilden, gemeinsam mit den Shareholdern, den Anteilseignern, eine Organisation. Messgrößen dienen, z. B. bei der Verantwortungsdimension der Mitarbeiter, der Selbstkontrolle, zu Lernzwecken als auch dazu die eigene Leistungsfähigkeit zu verbessern. Für das interne Management verbessern Kennzahlen die Koordinierung eines Unternehmens, weswegen der Zielsetzungsprozess und auch die Nachvollziehbarkeit von Leistungssteigerungen in den einzelnen Abteilungen einfacher nachvollzogen und honoriert werden kann. Externen Stakeholdern, wie z. B. Kapitalgebern, spiegeln diese Informationen den derzeitigen Zustand eines Unternehmens wieder (vgl. Hoffmann, 2000 S. 10).

2.3 Steuerungssysteme

Auf die Frage „was in einem Unternehmen als Leistung gemessen werden soll", gibt es verschiedene Ansätze. Ein traditioneller und bekannter Performance Ansatz ist der, von dem Chemiekonzern Du Pont, 1919 entwickelte Kennzahlenbaum, „DuPont-Kennzahlensystem" (vgl. Schultz, 2015 S. 86).

Zur Erklärung:

Kennzahlen werden in der allgemeinen Literatur als: „[...] quantitative Daten, die als bewusste Verdichtung der komplexen Realität über zahlenmäßig erfassbare betriebswirtschaftliche Sachverhalte informieren sollen" (vgl. Reichmann, 2011 S. 23 f. zit. n. Weber, et al., 2014 S. 173) bezeichnet. Unter einem System versteht man Bestandteile, sogenannte Elemente, die miteinander in Beziehung stehen und eine gemeinsame Struktur ergeben (vgl. Feess, 2013). Ein Kennzahlensystem besteht somit aus mehreren Kennzahlen, welche sich gegenseitig beeinflussen, bzw. aufeinander aufbauen. Infolgedessen sind Kennzahlensysteme aussagekräftiger als einzelne Kennzahlen, da sie die gegenseitigen Interdependenzen dieser widerspiegeln (vgl. Schultz, 2015 S. 85).

Das DuPont-Kennzahlensystem ist ein eindimensionales (da nur finanzorientiert) quantitatives Kennzahlensystem, welches die Spitzenkennzahl „Return on Investment" (abgek. ROI) betrachtet. Es handelt sich dabei um ein Rechensystem, welches wie eine Pyramide aufgebaut ist und durch Addition, Subtraktion, Division oder Multiplikation der Kennzahlen am Ende die Gesamtkapitalrentabilität (ROI) ergibt (siehe Abb.1, S. 8).

Die einzelnen Verzweigungen ermöglichen einer Organisation stück für stück nachzuvollziehen, welche Einflussgrößen Auswirkungen auf den Gewinn sowie das Kapital und damit auf die Spitzenkennziffer haben. Mithilfe dieses Systems ist es möglich, rein finanzorientiert betrachtet, Stärken und Schwächen im Vergleich zu Wettbewerbern aufzuzeigen (vgl. Schultz, 2015 S. 86).

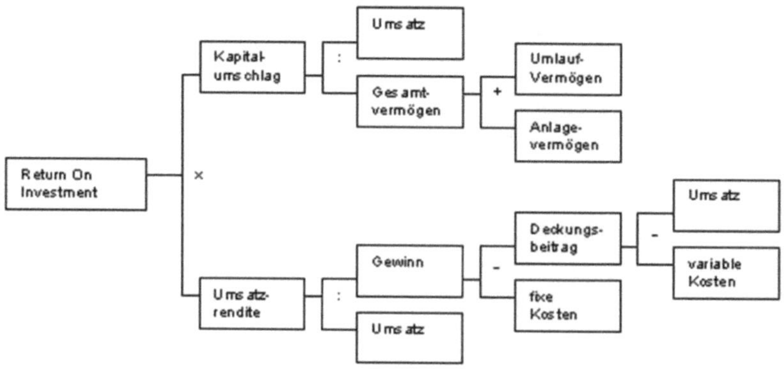

Abbildung 1: DuPont-Kennzahlensystem
Quelle: (Horvath, 1996 S. 548)

Andererseits besitzt dieses traditionelle Performancemesssystem jedoch auch unübersehbare Nachteile, weswegen es als ganzheitliches Performancesteuerungssystem ungeeignet ist. Einer davon ist, dass sie durch die ausschließliche Betrachtung des ROI langfristige Maßnahmen zur Sicherung des Gewinns, wie z. B. Investitionen in Forschung und Entwicklung, außer Acht lässt. Dies ist heutzutage jedoch unerlässlich um wettbewerbsfähig zu bleiben (vgl. Weber, et al., 2014 S. 194 ff.). Des Weiteren ist es mit diesen Kennzahlen nur möglich vergangenheitsorientiert Entscheidungen zu treffen, weswegen man bloß mit zeitlicher Verzögerung die Richtigkeit von Entscheidungen nachprüfen kann. Wie vorher geschildert (Siehe S. 5 f.), muss eine Organisation Kennzahlen besitzen, die Auskünfte über die Ursachen einer Entwicklung liefern. Dies kann jedoch von dem DuPont-Kennzahlensystem nicht erfüllt werden. Die Folge ist, dass etwaige Maßnahmen, um eine Entwicklung positiv zu beeinflussen, nur begrenzt ausgeführt werden können (Fehlende Ursache-Wirkungszusammenhänge). Außerdem kann die Kennziffer „ROI" keinen unmittelbaren Aufschluss darüber geben, wie es um die Produktivität einer Organisation bestellt ist, da nur Finanzkennzahlen, jedoch keine Prozesskennzahlen miteingebunden sind (o. V., 2015).

Ein weiterer Nachteil ist die mangelnde Beteiligung der Mitarbeiter am Unternehmenserfolg. Zwar werden durch die Maximierung der Gesamtkapitalrentabilität externe Stakeholder, wie Kapitalgeber, mit zufriedenstellenden Informationen versorgt; die Mitarbeiter werden jedoch, (unter Voraussetzung fehlender Gewinnbeteiligung) aufgrund nicht ausreichender in das System eingebundener Mitarbeiterkennzahlen (wie z. B. der Mitarbeiterproduktivität), nicht entsprechend ihrer

Leistungen honoriert. Daraus kann man schlussfolgern, dass die Mitarbeiter kaum Anreize haben sich zu verbessern und somit an ihrem Arbeitsplatz – und dadurch auch dem gesamten Unternehmen – nicht ihre volle Leistungs- und Einsatzbereitschaft zeigen. Man kann somit festhalten, dass durch die kurzfristige Betrachtung monetärer Größen, speziell die hohe Priorisierung der Kapitalbindung, Fehlentscheidungen begünstigt werden (vgl. o. V. 2015).

Dies ist einer der Gründe, weshalb man versucht mit „multifunktionalen Kennzahlensystemen" (vgl. Reichmann, 1993 S. 27 ff.) einige dieser Mängel, vor allem das Problem der Eindimensionalität (also die alleinige Betrachtung der Finanzperspektive), zu beheben (als Beispiel kann hierfür das umfangreiche ZVEI-Kennzahlensystem dienen, vgl. dazu bei Horvath, 1996 S. 551 f.). Allerdings werden auch bei diesem die notwendigen Mitarbeiter-, oder Prozesskennzahlen (vgl. siehe oben), i. d. R. nicht berücksichtigt. Auch der Zeitbezug, sowie die unzureichende Anbindung an die strategischen Ziele und Strategien, sorgen dafür, dass auch diese Systeme nicht für die ganzheitliche Steuerung eines Unternehmens geeignet sind (vgl. Gleich, 2001 (a) S. 8 f.).

Seit dem späten 20. Jh. halten deswegen neuere Steuerungskonzepte vermehrt Einzug in Unternehmen. Es handelt sich dabei um „wertorientierte Steuerungskennzahlen". Diese bauen auf dem in den neunziger Jahren entworfenen Ansatz des „Shareholder-Value" auf.

Bei diesen Steuerungsinstrumenten stehen absolute Kennzahlen, wie beispielsweise die des Economic Value Added (abgek. EVA; für Literatur siehe Weber, et al., 2014 S. 179-192) oder relative Kennzahlen wie der Cash-Flow Return on Investment (abgek. CFRoI) im Fokus. Die Aufgabe dieser Kennzahlensysteme ist, die gesamten Kapitalkosten in die Steuerung eines Unternehmens miteinzubeziehen (vgl. Gitt, et al., 2013 S. 100). Dadurch soll eine Erhöhung des Unternehmenswertes erzielt werden (vgl. Gleich, 2001 (a) S. 10). Gitt, Völl und Kettenring ergänzen, dass die Kennzahlen: „[...] die Bedürfnisse der Kapitalgeber berücksichtigen, eine effiziente Allokation des Kapitals unterstützten und Transparenz über die periodische Wertschöpfung liefern" (Gitt, et al., 2013 S. 100).

Trotz all dieser Vorteile steuern, laut einer aktuellen Studie aus dem Jahr 2010, weniger als die Hälfte der 110 deutschen HDAX Unternehmen wertorientiert (Gitt, et al., 2013 S. 107). Zum einen haben kleinere Unternehmen und Unternehmen aus weniger kapitalintensiven Branchen, aufgrund ihres hohen Personalaufwands, keine große Kapitalbindung; weswegen diese Unternehmen wertorientierte

Kennzahlen zur Performancesteuerung seltener einsetzen (vgl. Gitt, et al., 2013 S. 103). Zum anderen konnte bereits Anfang des 21. Jh., durch Untersuchungen von KPMG (vgl. 2003) und Pellens (vgl. 2000; beide zit. n. Gitt, et al., 2013 S. 107), eine mangelnde Einbindung der wertbasierten Kennzahlen an dem Steuerungs- und Vergütungssystem festgestellt werden. Dies hat sich bis heute kaum verändert, da immer noch „zwei Drittel der wertorientiert steuernden Unternehmen" (Gitt, et al., 2013 S. 107), die Vorstandsvergütungen nicht mit den wertorientierten Kennzahlen verbinden, sodass es bei den Vorständen zu falschen Anreizen kommen kann. Als Resultat könnte somit das Ziel der Unternehmenswertmaximierung durch „die vergütungsrelevante Kennzahl" (Gitt, et al., 2013 S. 107), verdrängt werden (vgl. ebenda).

Aus diesen Defiziten der bisherigen Steuerungskonzepte kann man schlussfolgern, dass neue Steuerungsansätze entwickelt werden müssen, um eine Geschäftsstrategie erfolgreich in eine Organisation zu implementieren.

2.4 Performance Measurement versus Performance Management

In der Fachliteratur stößt man häufig auf zwei unterschiedliche Bezeichnungen von neueren Steuerungskonzepten. Einerseits wird häufig von dem „Performance-Measurement-System" gesprochen. Andererseits beziehen sich auch viele Autoren auf das „Performance-Management-System".

Folgende Ansichten lassen sich in der Literatur finden:

- Performance Measurement ist das einzige Steuerungssystem, bzw. Performance Management wird nicht erwähnt
- Performance Measurement ist ein Bestandteil des Performance Management
- Performance Management ist ein Bestandteil des Performance Measurement

Laut Grüning (2002 S. 11) sollte: „Der Betrachtungsgegenstand eines Performance Measurement-Systems [...] das mehrdimensionale Unternehmenszielsystem einschließlich seiner Interdependenzen abdecken [...] [und] [gleichzeitig] [eine] Verbindung der operativen und strategischen Ebene [..] [sicherstellen]." Dazu zählt: „[...] diejenigen im Unternehmen und dessen Umfeld angesiedelten Elemente zu erfassen, die für die langfristige Entwicklung des Unternehmens wichtig sind " (Grüning, 2002 S. 11). Der Grafik von Grüning (2002 S. 11, in Anlehnung an Baum et al. 1999, S. 57) kann man entnehmen, dass zu dem weiteren Umfeld, u.a. der

Staat, die Mitarbeiter, die Öffentlichkeit und Kapitalgeber zählen. Im engeren Sinne werden, Ersatzprodukte, Lieferanten, Wettbewerber und Abnehmer in die Betrachtung miteinbezogen. Auf der Unternehmensebene stehen dagegen die Ressourcen sowie die Erfolgskennzahlen, als auch die Prozesse und Strategien im Mittelpunkt. Laut Grünings Betrachtung bildet ein Performance-Measurement-System somit nicht nur Daten und Kennzahlen aus verschiedenen Ebenen ab, es bindet auch Strategien und Prozesse mit in die Betrachtung ein.

Gleich geht noch einen Schritt weiter und betont, dass die: „[...] strategischen Planungsebenen die zu berücksichtigenden Leistungsebenen in einem strategischen Performance Measurement [determinieren]" (Gleich, 2001 (b) S. 70). Demnach werden auf den verschiedenen Ebenen wie z.B. „Unternehmen, Geschäftsfeld [oder] [...] Funktionsbereich" (vgl. auch bei Weber/Schäffer 1999, S. 153 ff., zit. n. Gleich, 2001 (b) S. 70) differenzierte Strategien formuliert.

Beide Autoren sind somit der Meinung, dass das Performance Measurement-System ein komplexes System darstellt, welches, nicht nur als Informations- und Messsystem dient. In seinem Buch „Das System des Performance Measurement" verweist Gleich jedoch darauf, dass „Performance-Management" ein Teil von Performance-Measurement-Systemen ist (Hervorheb. i. O. Gleich 2001 (a), S. 24).

Gleich ergänzt, dass das „**Performance-Management**" (Hervorheb. i. O. ebenda 2001 (a), S. 24), als Instrument zur besseren Planzielerreichung eingesetzt wird (vgl. bei Bittlestone 1994, S. 46ff., zit. n. Gleich, 2001 (a) S. 24).

Er prangert an, dass insbesondere Klingebiel (vgl. hierzu Klingebiel, 1998 S. 5), dass: „[...] Performance Measurement teilweise auf den eigentlichen Meßvorgang (sic!), die Performanceüberprüfung [..] [beschränkt]" (Gleich, 2001(a) S. 24).

Klingebiel nimmt demgegenüber Abstand. Er sagt, dass aufgrund der „Entwicklungsdynamik [es] schwierig [ist], anerkannte begriffliche Abgrenzungen in der Fachliteratur zu finden" (Klingebiel, 2001 S. 18); sodass man sich durch eine klare Begriffsdefinition: „[...] schnell dem Risiko einer inhaltlichen Unzulänglichkeit aussetzt" (Klingebiel, 2001 S. 18).

Dies ist einer der Gründe, weshalb Autoren wie Baum, et al. (2013 S. 410), Fischer, et al. (2012 S. 402 f.) oder Horvath (2011 S. 557 f.) der aktuellen Meinung sind, dass Performance- Management-Systeme, Performance Measurement beinhalten bzw. eine Verknüpfung von Performance Measurement Konzepten und dem Controlling Konzept ist. Möller formulierte diesen Zusammenhang so: „Mit dem Begriff des Performance Management wird [..] ein ganzheitliches System beschrieben, das den

Rahmen für die Leistungsmessung (Performance Measurement) bildet und darüber hinaus die vom Performance Measurement generierten Informationen zur mehrdimensionalen Steuerung verwendet" (vgl. Möller, et al., 2011, S. 374, zit. n. Fischer, et al., 2012 S. 403).

Man kann durch diese Aussagen erkennen, dass eine klare Abgrenzung zwischen Management und Measurement nicht möglich ist.

Aufgrund dessen wird für den Rest der Arbeit „Performance Measurement" als Kern eines „Performance-Management-Systems" verstanden; bei dem über die Leistungsmessung und Gestaltung hinaus, Teilaspekte der Steuerung eine Rolle spielen.

Nach der Klärung des Systembegriffs und der vorhergenannten Defizite, die bei traditionellen und wertorientierten Kennzahlensystemen auftreten, stellt sich nun die Frage, welche Anforderungen ein „Performance-Management-System" zu erfüllen hat, um für Unternehmen von Mehrwert zu sein.

Anforderungen an ein neues Performance-Management-System (Hervorheb. d. Verf. vgl. Brown, et al., 1994 S. 89 ff.; Neely, et al., 1995 S. 80 ff. und Gleich, 2011 S. 17 zit. n. Baum, et al., 2013, S. 412 f). Ein Performance-Management-System (abgek. PMS) sollte in der Lage sein, außer vergangenheitsorientierten auch zukunftsbezogene Informationen zur Steuerung einer Organisation bereitzustellen. Außerdem, wie vorher bereits angesprochen, sollte ein Unternehmen auch die Erwartungen, die von internen (Mitarbeitern) und externen Stakeholdern (wie Kunden oder Investoren) an sie gestellt werden, anzeigen können. Mehr noch, sollten die Steuerungsinformationen auf allen Leistungsebenen, von der Geschäftsführung bis hinunter zum Mitarbeiter, zugänglich sein, sodass die Unternehmensstrategie auch durch das gesamte Unternehmen kommuniziert und gelebt werden kann.

Langfristige Steuerungsziele sollten, neben kurzfristigen, zu Optimierungszwecken (z. B. hinsichtlich Wertsteigerungskonzepten) herangezogen werden. Des Weiteren sollte ein PMS außer den „harten" quantitativen und monetären Daten auch qualitative Informationen, wie Kunden- und Wettbewerbsaspekte, berücksichtigen. In der Planung sollten zudem auch strategische Visionen, Ziele und Leitbilder durch Kennzahlen (in Form von Indikatoren) ausgedrückt werden. Zusätzlich sollten bestehende Anreizsysteme in ein erfolgreiches PMS integriert (und ggf. angepasst) werden, um die Leistung der Mitarbeiter stärker mit den Unternehmenszielen zu verknüpfen und entsprechend zu honorieren.

3 Performance-Management-Systeme

3.1 Grundkonzept von PMS

Der Hauptzweck eines Performance-Management-Systems wurde von Baum, et al. (2013 S. 413) treffend formuliert: „Im Rahmen des strategischen Controllings besteht der wesentliche Beitrag der Performance Management-Systeme in einer Zerlegung der weitgehend qualitativen Aussagen zu Vision, Leitbild, Mission und strategischen Zielen in handhabbare, operativ umsetzbare und bezüglich ihrer Zielerreichung auch kontrollierbare quantitative oder qualitative Kennzahlen oder Indikatoren". Der grundlegende Prozess eines solchen Systems ist in Abb. 2 dargestellt und soll hier im kurzen erläutert werden. Startpunkt dieses Prozesses (siehe Abb. 2, S. 15) stellt die Vision, das Leitbild, dar (vgl. Baum, et al., 2013 S. 414). Eine Vision ist ein langfristiges Zukunftsbild, z. B. darüber wie sich das Unternehmen in den nächsten zehn bis fünfzehn Jahren entwickeln soll. Es ist so gesehen eine übergeordnete Ausrichtung eines Unternehmens. Die strategischen Ziele lassen sich von ihr ableiten; beispielsweise die Verbesserung der Marktposition. Diese Ziele müssen allerdings auch, neben den Interessen der Shareholder, die Ansprüche und Ziele der Stakeholder beinhalten, da diese maßgeblich zum Unternehmenserfolg beitragen (vgl. Booth 1997, S. 28, zit. n. Gleich, 2001 (a) S. 22).

Die Festgelegten Ziele bilden zusammen mit der Vision das Fundament, um eine Unternehmensstrategie konkret festzulegen und zu planen (vgl. Baum, et al., 2013 S. 414). In der Folge, müssen die realen Sachverhalte bestimmt werden, welche für die „[...] Gestaltung der Unternehmensperformance und damit für die Erreichung der festgelegten strategischen Ziele [...]" (Baum, et al., 2013 S. 414) von Bedeutung sind.

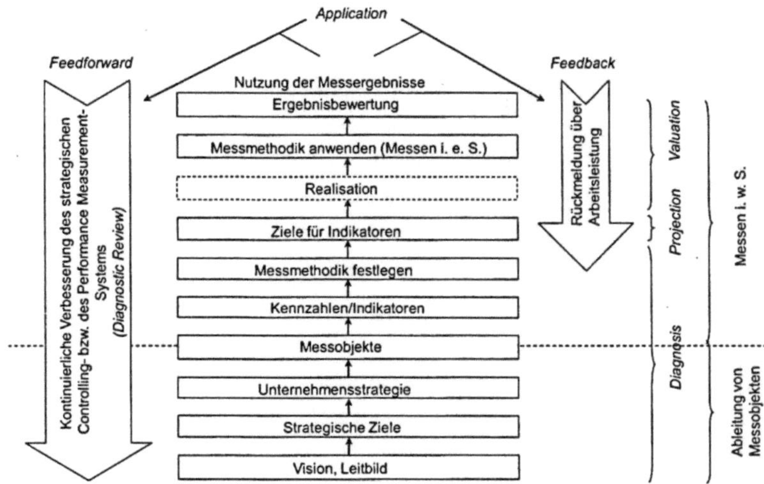

Abbildung 2: Performance Measurement-Prozess
Quelle: (Baum, et al., 2013 S. 415 in Erweiterung von Grüning, 2002, S. 15)

Infolgedessen werden geeignete Messobjekte bestimmt. „Ein Messobjekt ist [hierbei] der Träger der Messgröße" (Pesch, 2009 S. 28). Anders formuliert kann man sagen, dass ein Messobjekt nur eine Benennung für eine Vielzahl von darin befindlichen Indikatoren ist (vgl. Baum, et al., 2013 S. 414). Qualitative Indikatoren (wie Mitarbeiter- oder Kundenzufriedenheit) oder quantitative Kennzahlen (wie Eigenkapitalrendite, Verschuldungsgrad oder ROI) sind Messwerte, durch die man die Entwicklung oder den Zustand eines Messobjektes (i. F. der quantitativen Kennzahlen sind es die Finanzen) abbilden kann. Als nächstes müssen die folgenden Fragen geklärt werden (vgl. Baum, et al., 2013 S. 414):

- Wie werden die Kennzahlen erhoben?

- Wo kommen die dafür benötigten Informationen her?

- Wie oft müssen die Daten erhoben werden?

- Wer kümmert sich um die Datenbeschaffung und -bereitstellung?

Diese Art der Vorgehensweise nennt man Messmethodik und ist entscheidend um einen strukturierten Prozessablauf zu ermöglichen. Nach dem festlegen der Messmethodik müssen den Indikatoren realistische Zielwerte zugewiesen werden, um die Umsetzung von den strategischen Zielen festlegen zu können. Diese Ausrichtung der Indikatoren an den Zielwerten wird auch als „Projection-Phase" (Cates,

1997, S. 56, zit. n. Grüning, 2002 S. 14 ff.) bezeichnet; bei der darauffolgenden Phase der Realisation (Umsetzung) werden die strategischen und operativen Maßnahmen den Zielwerten zugeordnet (vgl. Baum, et al., 2013 S. 414). Direkt im Anschluss wird die vorher festgelegte Messmethodik angewandt, damit exakte Messwerte für die Kennzahlen erhoben werden können. Diese „Ist-Werte" können dann mit den „Planwerten" verglichen werden, sodass die Messergebnisse bewertet werden können (Baum, et al., 2013 S. 414 f.). Dieser Prozess, der die Umsetzung und die Bewertung dieser Ergebnisse beinhaltet, wird „Valuation-Phase" (Cates, 1997, S. 56, zit. n. Grüning, 2002 S. 14 ff.) genannt.

Ein letzter und wichtiger Schritt ist die „Nutzung der Messergebnisse" (Grüning, 2002 S. 18). In dieser Phase dienen die Messergebnisse zu Steuerungs- und Anpassungszwecken (sog. „Application-Phase" (Cates, 1997, S. 56, zit. n. Grüning, 2002 S. 13 ff.)). Dies kann in Form eines Feedbacks geschehen, d.h., dass eine direkte Rückmeldung über die Ergebnisse zu einer Verbesserung/Anpassung der Performance (Mitarbeiterleistung wird zielgerichteter) genutzt wird; sodass bei der nächsten Realisation ein besser bewertetes Messergebnis erzielt werden kann. Es kann jedoch auch zu einer Performanceverschlechterung kommen. Grund dafür können falsche Annahmen über die zukünftige Entwicklung eines Zielwertes sein, d.h., dass die tatsächliche Entwicklung von der geplanten sehr stark abweicht. Dadurch kann es unmöglich werden die Indikatorziele noch zu erreichen (vgl. Grüning, 2002 S. 18).

Ein Feedforward kann diese Fehlplanung rechtzeitig korrigieren, indem die Ursachen der Abweichungen angegangen werden. Bei diesem Teilprozess, der in der Literatur auch als „Diagnostic Review" (Cates, 1997, S. 56, zit. n. Grüning, 2002 S.18) zu finden ist, wird die gesamte Planung samt Indikatoren und Zielwerten einem ständigen Verbesserungsprozess unterzogen. Hierbei kann die Unternehmensstrategie aufgrund plötzlicher Marktveränderungen geändert oder die Zielwerte der Indikatoren angepasst werden (vgl. Grüning, 2002 S. 18). „Diagnostic Review" bildet somit eine Wiederholung/Anpassung der anfänglichen „Diagnosis-Phase" (Cates, 1997, S. 56, zit. n. Grüning, 2002 S. 18.).

Es fällt auf, dass es Parallelen zwischen diesem Konzept und dem kybernetischen Controlling Kreislauf gibt. Ein solcher Controlling Kreislauf besteht grundsätzlich aus den Phasen: „Planung, Realisation und Kontrolle" (Baum, et al., 2013 S. 414). In Lehrbüchern wird ein solcher Kreislauf (kann auch aus mehr als drei Phasen bestehen) als Teilaufgabe der Unternehmensführung betrachtet und als Managementprozess bezeichnet (vgl. Wöhe, et al., 2013 S. 47 f.). Daraus wird ersichtlich, dass das Grundkonzept von PMS auf dem Managementprozess aufbaut bzw. sich in diesen integrieren lässt. Im Folgenden soll ein PMS vorgestellt werden, welches in der Praxis vielfach erprobt und getestet wurde. Die Rede ist von der Balanced Scorecard (abgek. BSC). Ein Managementinstrument, welches nicht nur Branchenunabhängig, sondern auch losgelöst von der Unternehmensgröße angewendet wird (vgl. Horvath, 2008 S. 5). Laut der Studie aus dem Jahre 2008 von Horvath & Partners, geben 80 Prozent der BSC anwendenden Unternehmen an, mit der BSC zufrieden oder sehr zufrieden zu sein (vgl. Horvath, 2008 S. 11).Das „Performance Barometer St. Gallen 2008" (Lux, 2010 S. 12) konnte sogar empirisch belegen, dass etwa 90 Prozent der befragten Nutzer zufrieden oder sehr zufrieden mit dem PMS sind (vgl. Lux, 2010 S. 12) .Daher soll im nachfolgenden Kapitel auf die BSC eingegangen werden.

3.2 Balanced Scorecard

Die Balanced Scorecard wurde bereits 1992 von den Autoren Robert Kaplan und David Norton vorgestellt (vgl. Kaplan, et al., 2009 (a) S. 9). Die damalige Idee war es, eine Struktur für die Umsetzung von Strategien in operative Größen zu schaffen, und die Unternehmensleistungen messbar und dadurch steuerbar zu machen. Dabei sollte es als strategisches Managementsystem u.a. dafür sorgen, dass die Mitarbeiter aller Organisationsebenen, durch die Einbeziehung von finanziellen und nicht finanziellen Kennzahlen in das bestehende Informationssystem, Klarheit über die finanziellen Auswirkungen ihrer Tätigkeiten erlangen (vgl. Kaplan, et al., 1997 S. 8f.). Laut Kaplan und Norton soll die BSC nicht, wie „traditionelle" Kennzahlensysteme, ein vorformuliertes Ziel auf das Unternehmen abstimmen; vielmehr soll es als: „Kommunikations-, Informations- und Lernsystem, und nicht als Kontrollsystem" (Kaplan, et al., 1997 S. 24) verstanden werden (vgl. Kaplan, et al., 1997 S. 24). Der „ausgeglichene Berichtsbogen" ist dabei in vier Perspektiven aufgeteilt (Kaplan, et al., 1997 S. 23-27):

- Die Kundenperspektive
- Die interne Prozessperspektive
- Die finanzwirtschaftliche Perspektive
- Die Lern- und Entwicklungsperspektive

Jede Perspektive beinhaltet Ziele, welche aus der Vision und den daraus folgenden strategischen Zielvorgaben abgeleitet werden (Top-Down-Prozess). Den, auf die Perspektiven zugeschnittenen Zielen, werden Kennzahlen zugeordnet, wodurch die Zielerreichung messbar wird (vgl. Baum, et al., 2013 S. 416). Aus diesen Indikatoren können dann Vorgaben (sog. Planwerte) festgelegt werden, die dann mit den ermittelten „Ist-Werten" verglichen werden können (vgl. hierzu S. 16, Valuation-Phase). Dadurch ergibt sich die Möglichkeit ein Feedback (vgl. hierzu S. 16, Application-Phase) zu erstellen; wodurch der Grad der Zielerreichung bestimmt und Lernanstöße in den jeweiligen Organisationseinheiten gegeben werden (vgl. hierzu S. 16 Feedforward). Zum Schluss wird für jedes Ziel ein Paket an Maßnahmen festgelegt, um die einzelnen Vorgaben und schließlich das strategische Ziel zu erreichen (vgl. Baum, et al., 2013 S. 416).

Aus dem Aufbau der Balanced Scorecard wird ersichtlich, dass der „Performance Measurement-Prozess" in diesem Modell integriert ist. Daraus lässt sich ableiten, dass sich die BSC in den kybernetischen Controlling-Kreislauf einfügen lässt. Die vier Perspektiven sind dabei durch Pfeile miteinander verbunden (Abb. 3); wodurch die wechselseitigen Beziehungen der einzelnen Perspektiven verdeutlicht werden sollen (vgl. Kaplan, et al., 1997 S. 10). Diese Perspektiven werden nun zum weiteren Verständnis und der Nachvollziehbarkeit halber näher erläutert.

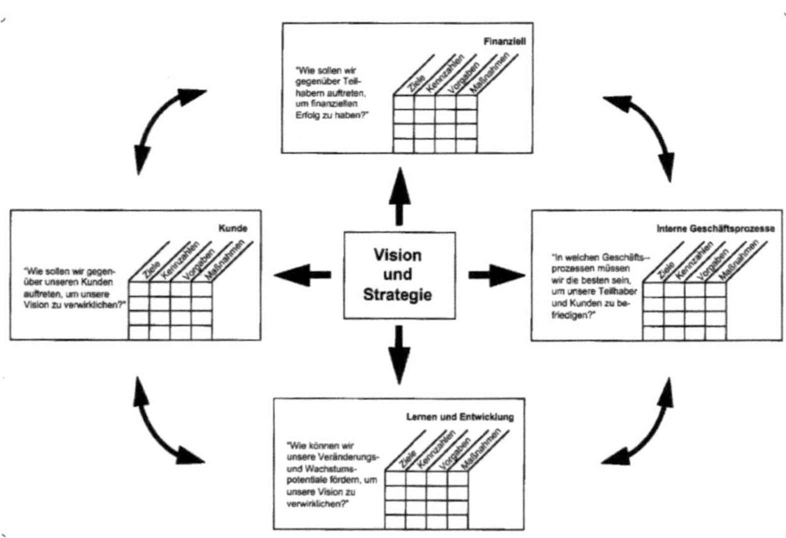

Abbildung 3: BSC Struktur
Quelle: (Kaplan, et al., 1997, S. 9, in Anlehnung an Kaplan, et al., 1996, S. 76)

3.2.1 Finanzperspektive

„Wie sollen wir gegenüber Teilhabern auftreten, um finanziellen Erfolg zu haben?" (Hervorheb. d. Verf. Kaplan, et al., 1997 S. 9).

Diese Fragestellung befasst sich mit der Finanzperspektive und beschäftigt erfolgsorientierte Unternehmen jedweder Größe. Die BSC beinhaltet auch die, in den klassischen Kennzahlensystemen vorkommenden, Finanzkennzahlen (wie z. B. ROI), da so ermittelt werden kann, ob sich die gewählte Strategie am Ende auch in einer Ergebnisverbesserung niederschlägt (vgl. Kaplan, et al., 1997 S. 24). Die Finanzkennzahlen können dabei, laut Kaplan und Norton, in drei Stufen aufgeteilt werden (vgl. Kaplan, et al., 1997 S. 47f.):

- Wachstum

- Reife

- Ernte

Wie bei Produkten, werden nach diesem Schema auch Unternehmen, den verschiedenen Lebenszyklusphasen zugeordnet. Ein noch junges Unternehmen, welches erst noch wachsen und sich im Markt etablieren muss, befindet sich dementsprechend in seiner Wachstumsphase. Wie bei einem Produkt, muss auch hier viel Kapital in Systeme, Maschinen, Mitarbeiter, die Infrastruktur und globale Vertriebsnetze; als auch in den Kundenaufbau und die Pflege dieser, investiert werden. Ein finanziell aus dieser Phase abgeleitetes finanzwirtschaftliches Ziel könnte somit das „Umsatzwachstum in den Zielmärkten, Kundenkreisen und Regionen" (Kaplan, et al., 1997 S. 47) sein. In der Reifephase wird ein Unternehmen stattdessen eher Rentabilitätskennzahlen, wie die Eigenkapitalrendite, den Shareholder Value und das Betriebsergebnis, als finanziell strategische Kennzahlen auswählen. Zum einen, da die Anteilseigner hohe Kapitalrenditen fordern; zum anderen, da durch den Konkurrenzdruck eine kontinuierliche Verbesserung von den „reiferen" Unternehmen vollzogen werden muss, um im Wettbewerb weiter zu bestehen. Das Management wird somit durch diese Kennzahlen dazu angehalten den erwirtschafteten Ertrag, durch z. B. Produktivitätsverbesserungen, zu maximieren (Kaplan, et al., 1997 S. 47 f.). In der Erntephase eines Unternehmens liegt der Fokus, im Gegensatz zur Reifephase, nicht so sehr auf dem ROI oder dem Economic-Value-Added, sondern vor allem auf der Kennziffer des Cash-Flow. Hierbei geht es darum, möglichst viel Kapital aus den vorgenommenen Investitionen freizusetzen (vgl. Kaplan, et al., 1997 S. 46-49). Ein solcher Unternehmenszyklus kann, je nach Branche und Wettbewerb, über wenige Jahre, bis hin zu mehreren Jahrzehnten verlaufen.

Währenddessen kann es auch dazu kommen, dass Zyklusveränderungen auftreten. Diese können durch z. B. neue Technologien (z. B. Elektroantrieb in der Automobilindustrie) ausgelöst werden, sodass sich ein in der Reifephase befindendes Unternehmen, plötzlich in einer Wachstumssituation widerfinden kann. Situationen wie diese haben zur Folge, dass Investitions- und finanzwirtschaftliche Kennzahlen und Ziele nicht mehr zur Unternehmenssituation passen und von den Geschäftseinheiten deswegen regelmäßig (pro Quartal oder periodisch) angepasst werden müssen (vgl. Kaplan, et al., 1997 S. 49).

3.2.2 Kundenperspektive

„Wie sollen wir gegenüber unseren Kunden auftreten, um unsere Vision zu verwirklichen?" (Hervorheb. d. Verf. Kaplan, et al., 1997 S. 9)

Die Kundenperspektive hat die Aufgabe, die Kunden- und Marktsegmente zu identifizieren, in welchen ein Unternehmen konkurrenzfähig sein möchte. Die Mission und Strategie eines Unternehmens sollte dabei in: „[...] spezifische Ziele in Bezug auf Zielkunden und Marktsegmente [...]" (Kaplan, et al., 1997 S. 63) umgesetzt werden. Die Markt- und Kundensegmente, als auch die Wünsche der Nachfrager, sind in Bezug auf den Preis, die Funktionalität und die Qualität der Produkte durch Marktforschung offenzulegen. Außerdem sind auch Vorstellungen der Abnehmer, was das Image und die Serviceleistungen eines Unternehmens betrifft, zu erforschen. Sind die Zielsegmente und Zielgruppen bestimmt, dann können Kennzahlen für diese festgelegt werden. Die Kernkennzahlengruppe beinhaltet Kennzahlen für die Bestimmung des Marktanteils, der Kundentreue, -gewinnung, -zufriedenheit und -rentabilität (vgl. Kaplan, et al., 1997 S. 62-66).Der Marktanteil ist dabei eine monetäre Größe mit der man misst, wie hoch der eigene Anteil eines Produktes am Markt (als Kundenanzahl, ausgegebene Beträge oder verkaufte Einheiten) im Vergleich zur Konkurrenz ist. Eine nicht monetäre Kennzahl, wie z. B. die Kundentreue, kann durch Erfragen der Wiederkaufbereitschaft ermittelt werden. Ebenso kann die Kundenzufriedenheit durch Umfragen erfasst und ausgewertet werden. Die Kennziffer der Kundenakquise wird stattdessen, z. B. als Anzahl an neuen Kunden oder durch den Gesamtumsatz mit neuen Kunden gemessen (vgl. Kaplan, et al., 1997 S. 63-69). Die Kundenrentabilität wird als Nettogewinn eines Kunden berechnet und erfasst die erbrachten Einnahmen zu dem vom Kunden erzeugten einmaligen Ausgaben (vgl. Kaplan, et al., 1997 S. 66). Ein aktuelles Beispiel könnte ein Kunde eines Onlinehändlers sein, der mehrere paar Schuhe versandkostenfrei bestellt, anprobiert und diese am nächsten Tag wieder zurückschickt. In diesem Fall wird der Kunde unrentabel für den Onlineshop sein, da diesem für die Ware Liefer- und Bearbeitungskosten entstanden sind. Der Onlineshop wird somit das weitere Bestellverhalten des Kunden beobachten und bei zukünftig vermehrten Falschbestellungen entsprechend reagieren (z. B. dessen Online-Kundenkonto sperren bzw. diesen auf sein Bestell-verhalten aufmerksam machen). Die fünf hier ermittelten, häufig angewendeten, Ergebniskennzahlen stehen zwar für die Ziele diverser Prozesse (Produktions-, Marketing-, Logistikprozesse etc.), jedoch bleiben es Zielgrößen, die nichts über die erforderlichen Maßnahmen zur Zielerreichung aussagen. Außerdem handelt es sich hierbei um Spätindikatoren, da die Kundenzufriedenheit und - treue erst nach dem Verkauf eines Produktes oder der Inanspruchnahme einer Dienstleistung festgestellt werden können und somit zu spät Einfluss auf die Bewertung eines Produktes/Leistung genommen werden kann (z. B. schlechte Kundenrezensionen nicht sofort vermeidbar) (vgl. Kaplan, et al., 1997 S. 82).

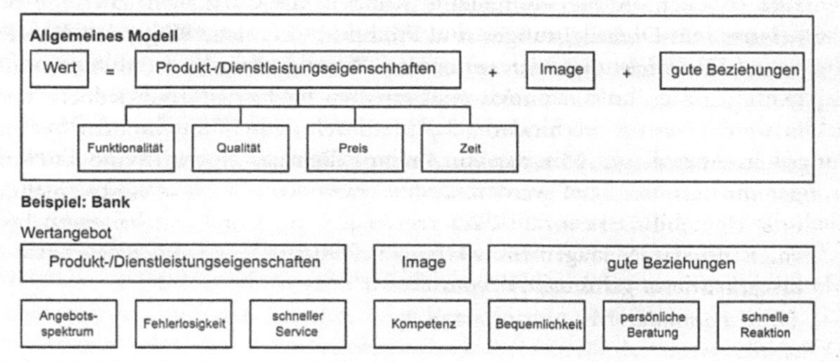

Abbildung 4: Wertangebot an den Kunden
Quelle: (Kaplan, et al., 1997 S. 72)

Um dem entgegenzuwirken schlagen Kaplan und Norton (1997 S. 71) eine strukturierte Kategorisierung von Wertangeboten (sog. Frühindikatoren) vor (siehe Abb. 4), in denen sich genau die Eigenschaften befinden mit denen man in seinen Zielsegmenten Kundentreue und -zufriedenheit erreichen kann (Kaplan, et al., 1997 S. 71). Bei den Produkt- und Serviceeigenschaften stehen die Funktionalität, der Preis und die Qualität eines Produktes oder einer Dienstleistung, sowie auch die Zeit, die man sich für die Beratung/Betreuung eines Kunden nimmt, im Vordergrund. Am Beispiel Bank würden die Zielkunden ein breites Angebot, fehlerlose und schnelle Arbeit bevorzugen. Die Kosten (Preis) die den Kunden durch diese besonderen Dienstleistungen entstehen würden, (z. B. durch Kontoführungsgebühren) wären für diese Zielgruppe jedoch tragbar. Andere Zielkunden würden stattdessen lieber auf den Service verzichten um den Gebühren zu entgehen und somit einen niedrigeren „Preis" bevorzugen (Ausweg hierbei wären Online-Banken). Die Bank muss sich also Fragen, für welches Segment sie sich entscheiden möchte, bzw. welche Kunden die Hauptkunden sein sollen (vgl. Kaplan, et al., 1997 S. 71 f.). Bei den Kundenbeziehungen steht stattdessen weniger das Produkt, sondern mehr die Zufriedenheit des Kunden im Vordergrund. Um bei dem Beispiel Bank zu bleiben, könnte ein komfortabler moderner Servicebereich, eine immer erreichbare Ansprechperson und sehr kurze Wartezeiten, die Zufriedenheit des Kunden erhöhen und gleichzeitig dem Kunden einen Mehrwert bieten (vgl. Kaplan, et al., 1997 S. 72 f.).

Die Dritte Kategorie an Wertangeboten besteht aus dem Image oder dem Ruf den ein Unternehmen besitzt. Diese Dimension beinhaltet immaterielle Faktoren, durch die ein Unternehmen an Attraktivität und Bekanntheit gewinnen soll. Dies kann z. B. durch Werbung (z. B. mit dem Slogan „Die Bank an Ihrer Seite – Commerzbank) geschehen. Aufgrund solcher Aktivitäten ist es möglich, die Kundentreue über den reinen materiellen Nutzen eines Produktes oder einer Dienstleistung zu steigern (vgl. Kaplan, et al., 1997 S. 73).

Produkt-/Serviceeigenschaften, Kundenbeziehungen, sowie Image und Reputation stellen somit ergänzende Wertangebote dar, die durch entsprechende Kennzahlen zu Leistungstreibern werden. Dadurch ist das Management in der Position ein genau auf die Zielkundensegmente abgestimmtes Leistungsangebot zu erstellen (vgl. Kaplan, et al., 1997 S. 82 f.).

3.2.3 Interne Prozessperspektive

„In welchen Geschäftsprozessen müssen wir die Besten sein, um unsere Teilhaber und Kunden zu befriedigen?" (Hervorheb. d. Verf. Kaplan, et al., 1997 S. 9)

Diese Frage ist Bestandteil der internen Prozessperspektive und soll dafür sorgen, dass die auf den Kundenurteilen aufbauenden Kennzahlen auch in sinnvolle Größen und Indikatoren für die internen Geschäftsprozesse umgesetzt werden können (vgl. Kaplan, et al., 1997 S. 89);denn:„ [...] exzellente Leistungen für die Abnehmer[,] [können] [nur] aus den Abläufen, Entscheidungen und Maßnahmen, die in einer Organisation [getroffen] [..] [werden] [resultieren]" (Kaplan, et al., 2009 (b) S. 11).Die Prozessperspektive (oder interne Perspektive) baut hierbei gewöhnlich auf der Kunden- und der Finanzperspektive auf, um die Ziele der Abnehmer und der Anteilseigner zu erfüllen (vgl. Kaplan, et al., 1997 S. 89).

Von Kaplan und Norton wird bei dieser Perspektive empfohlen, eine vollständige Wertschöpfungskette (siehe Abb. 5, S. 25), angefangen mit dem Innovationsprozess, über den Betriebsprozess, bis hin zum Kundendienstprozess zu erstellen (vgl. Kaplan, et al., 1997 S. 89).

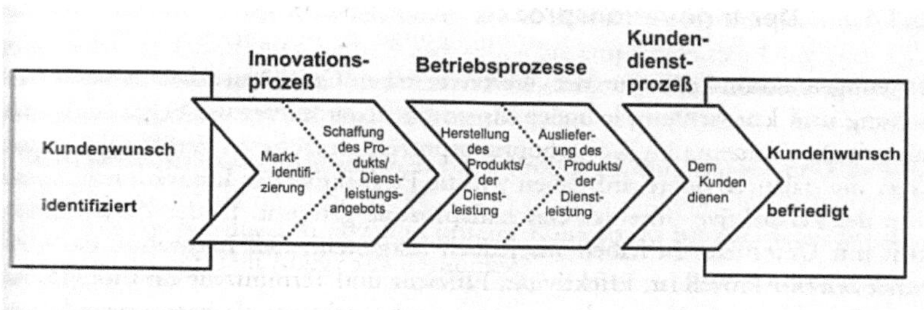

Abbildung 5: Das generische Wertkettenmodell
Quelle: (Kaplan, et al., 1997 S. 93)

Das Wertkettenmodell knüpft dabei an die Kundenperspektive an, da auch hier damit begonnen wird durch Marktforschung, die Marktgröße, die Wünsche der Kunden hinsichtlich der Produkte/der Dienstleistung (abgek. DL) sowie den preislichen Rahmen für das Endprodukt/die Zieldienstleistung zu erfahren. Eine Kennzahl kann z. B. die Anzahl neuer Produkte oder DL für das Zielkundensegment sein (vgl. Kaplan, et al., 1997 S. 94 f.) Als zweiter Teil des Innovationsprozesses steht die Schaffung eines Leistungsangebots für die Kunden im Fokus. Bei diesem Entwicklungsprozess steht das Erforschen, sowie die gezieltere Ausnutzung von vorhandenen Technologien für neue Produkte, als auch das ausreifen von noch nicht marktfähigen Produkten im Vordergrund (vgl. Kaplan, et al., 1997 S. 95). Geeignete Kennzahlen für die Erforschung von neuen Produkten sowie das Ausnutzen von vorhandenen Technologien, könnte z. B. der prozentuale Anteil des Umsatzes aus neuen Produkten oder die Anzahl eingeführter neuer Produkte im Vergleich zur Konkurrenz sein. Kennzahlen wie diese kommunizieren in einem Unternehmen wie wichtig die Innovation neuer Produkte/DL ist (vgl. Kaplan, et al., 1997 S. 97). Bei der Produktentwicklung stehen dagegen Zykluszeitenkennzahlen und Kostenkennzahlen im Mittelpunkt. Als ein strategisches Ziel könnte von der Geschäftseinheit, dass verkürzen der Entwicklungszeiten bestimmt werden. Eine hierfür geeignete Ergebniskennzahl wie „Time-to-Market", zeigt zwar die Zeitspanne der Produktentwicklung bis zum Verkaufsstart an, jedoch ist es mit dieser nicht möglich die Gründe für eine verzögerte Markteinführung zu finden, geschweige denn zu bemessen. Vielmehr wird eine Leistungstreiberkennzahl benötigt, mit der die

Zielerreichung messbar wird.Um einen geeigneten Leistungstreiber zu finden, muss eine Organisation Ursachenforschung betreiben. Der Zusammenhang zwischen einer hohen „Time-to-Market" Zeit, ist dabei an die oben genannten Faktoren des Zeitbedarfs und der entstehenden Kosten gekoppelt. Diese können aufgrund schlechter Funktionalität und daraus folgenden technischen Verbesserungen deutlich erhöht sein. Um diese Zusammenhänge abzubilden, könnten die Leistungskennzahlen: „Prozentzahl der Produkte, bei denen bereits der erste Entwurf die funktionalen Spezifikationen des Kunden voll erfüllt [...] [und] die Anzahl der notwendigen Veränderungen [..] [eines] Produktes" (Kaplan, et al., 1997 S. 98) ermittelt werden (vgl. Kaplan, et al., 1997 S. 97 f.). So kann beispielsweise festgestellt werden, dass im Durchschnitt drei Fehler pro Produktentwurf, Kosten in Höhe von jeweils 110.000€ verursachen. Darauffolgend kann dies mit der gesamten Anzahl an neuen Produkten, z. B. 10 pro Jahr, multipliziert werden. Das Ergebnis kann daraufhin, unter Hinzurechnung der Verluste aus der späteren Markteinführung, in Relation zum gesamten Umsatz gesetzt werden (vgl. Kaplan, et al., 1997 S. 98). Hieraus wird ersichtlich, dass Ergebniskennzahlen (Spätindikatoren) in Kombination mit Leistungskennzahlen (Frühindikatoren) bei der Entwicklung von entsprechenden Maßnahmen nötig sind, um ein strategisches Ziel zu erreichen.Der zweite Prozess des Wertkettenmodells betrachtet einen kürzeren Produktzeitraum. Hier beginnt die Wertschöpfung mit der Bestellung einer Ware/DL und endet mit der Auslieferung an den Kunden (vgl. Kaplan, et al., 1997 S. 100). Bei dem internen Betriebsprozess geht es darum, diejenigen wichtigen Kennzahlen herauszufiltern und auf der BSC darzustellen, welche den Verkauf von Produkten und DL an die Zielkunden gewährleisten. Dabei werden Kennzahlen ausgesucht, welche am besten die Eigenschaften von Kosten, Qualität, Zeit und Leistung widerspiegeln (vgl. Kaplan, et al., 1997 S. 111). Zum Beispiel die Prozesszeitkennzahl MCE (manufacturing cycle effectiveness), die häufig in der „Just-in-Time" Produktion angewendet wird. Diese Zahl bildet den Zusammenhang zwischen der Bedürfnisbefriedigung der Kunden und den Anteil der direkten Wertschöpfung bei der Produktion ab. Hierbei wird die Verarbeitungszeit durch die gesamte Durchlaufzeit eines Produktes geteilt. Das Ziel dabei ist, ein Ergebnis nahe eins zu erhalten. Dies kann nur durch eine zeitliche Verringerung aller nicht wertschöpfenden Prozesse, wie der aufgewendeten Zeit für die Nachkontrolle, Transportzeit zwischen zwei Prozessschritten und der Lagerungszeit, erreicht werden. Nähert sich ein Unternehmen der Zahl eins an, dann kann ein Unternehmen schneller Kundenaufträge abarbeiten und somit schneller die Bedürfnisse der Kunden befriedigen (Kaplan, et al., 1997 S. 113). Der Dritte Prozess ist der Kundendienstprozess. Dieser Prozess bildet die zusätzlichen Serviceleistungen ab. Es geht hierbei darum, Reklamationen, Erstattungen; die Bearbeitung von Zahlungen sowie Fehlern zu messen und zu verbessern. Beispielsweise könnte hierfür die aufgewendete Zeit, die für das lösen eines Problems benötigt wird gemessen werden. Eine passende Kennzahl dazu könnte der „first pass yields" darstellen. Durch diese kann man bestimmen, wie viele Kundenanfragen durch ein einziges Telefonat oder einen Servicechat gelöst werden konnten (vgl. Kaplan, et al., 1997 S. 102 f.). Was ist jedoch mit denjenigen Unternehmen, welche nicht selbst Waren und Erzeugnisse herstellen, bzw. deren Fertigungstiefe sehr niedrig ist? Diese haben die Möglichkeit ihre BSC mit einer Lieferantenperspektive zu ergänzen bzw. die interne Prozessperspektive auszutauschen (vgl. Horvath, et al., 2009 S. 23). Allerdings sollte man beachten, dass eine Erhöhung der Anzahl an Perspektiven mit einer steigenden Anzahl an Kennzahlen verbunden ist und somit zu Desinformationen und Datenüberflutung führen kann (vgl. Maier, 2012 S. 156).

3.2.4 Lern- und Entwicklungsperspektive

„Wie können wir unsere Veränderungs- und Wachstumspotentiale fördern, um unsere Vision zu verwirklichen?" (Hervorheb. d. Verf. Kaplan, et al., 1997 S. 9)In den Anfangsjahren der BSC wurden drei Hauptkategorien identifiziert, welche den Hauptbestandteil der Lern- und Entwicklungsperspektive ausmachen und für das Erreichen der langfristigen finanziellen Wachstumsziele unerlässlich sind (vgl. Kaplan, et al., 1997 S. 121):

- Potentiale der Mitarbeiter
- Potentiale von Informationssystemen
- Empowerment, Motivation und Zielausrichtung

Es wird ersichtlich, dass die Infrastruktur und somit v.a. die Mitarbeiter im Mittelpunkt dieser letzten Perspektive stehen. In der nachfolgenden Abbildung (Siehe Abb. 6) werden diese drei Kategorien als „Befähiger" bezeichnet (vgl. Kaplan, et al., 1997 S. 123 f.).Das bedeutet, dass die technologische Infrastruktur, das Arbeitsklima und die Förderung und Motivation der Mitarbeiter, einen direkten Einfluss auf die Mitarbeiterzufriedenheit und damit auch auf deren Treue und Produktivität haben. Die Konsequenz daraus ist, dass sich eine hohe Mitarbeiterzufriedenheit in besseren Ergebnissen niederschlägt (Siehe Abb. 6). Die personalbezogenen Kernkennzahlen sind Ergebniskennzahlen und dementsprechend messbar. Die Mitarbeiterzufriedenheit und damit die Arbeitsmoral kann durch regelmäßige Umfragen ermittelt und gemessen werden. Die Mitarbeitertreue kann z. B. durch die

Fluktuationsquote (teilweise) bestimmt werden. Auch die Produktivität der Mitarbeiter ist ermittelbar. Dabei kann der erzielte Umsatz oder der Ertrag eines Mitarbeiters erfasst werden (vgl. Kaplan, et al., 1997 S. 124- 126). Traditionelle Kennzahlen wie diese, zeigen zwar die momentane Situation an, sie geben jedoch keinen Aufschluss darüber, welche Maßnahmen ergriffen werden müssen, um das Arbeitsklima, die Infrastruktur und das Potential des Personals zu steigern. Wie bereits in den vorangegangenen Perspektiven werden auch hier „Leistungstreiber" benötigt, mit welchem die Ergebniskennzahlen beeinflusst werden können.

Diese Leistungstreiber stellen in dieser Perspektive die schon genannten „Befähiger" dar. Die Personalpotentiale können durch Schulungen und Weiterbildungen verbessert werden.Um jedoch zu ermitteln, welche Mitarbeiter geschult werden müssen, sind auch hier Kennziffern relevant. Die „strategische Aufgabendeckungsziffer" kann hier als Beispiel herangezogen werden. Sie setzt die Anzahl der qualifizierten Mitarbeiter in Bezug zu dem prognostizierten Bedarf an qualifizierten Mitarbeitern. Die Qualifikation, welche für eine bestimmte Position erforderlich ist, wird hierbei von vornerein festgelegt. Dadurch herrscht Klarheit darüber welche Fähigkeiten die Mitarbeiter mitbringen müssen, um die Kunden- und internen Ziele zu erreichen (vgl. Kaplan, et al., 1997 S. 126-128).

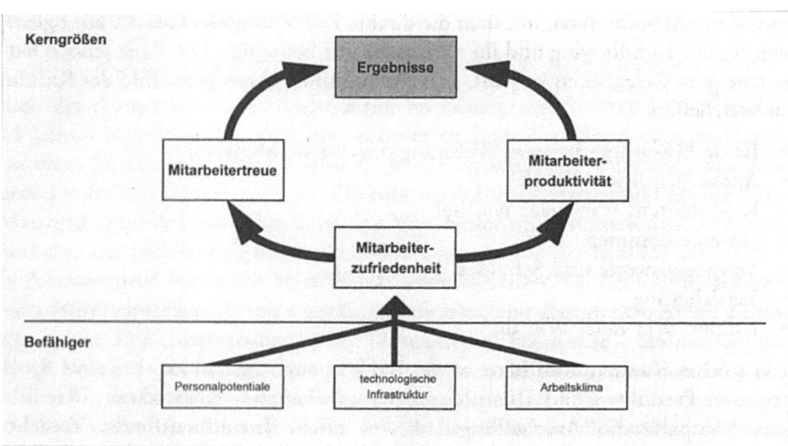

Abbildung 6: Kerngrößen und Hauptkategorien der Lern- und Entwicklungsperspektive
Quellen: (Kaplan, et al., 1997 S. 124)

Dasselbe gilt für die Informationssysteme. Nur bei schnell verfügbaren und exakten Informationen ist ein Mitarbeiter in der Lage eine Situation schnell zu erfassen und die notwendigen Maßnahmen zur Zielerreichung einzuleiten. Eine Kennzahl welche man hier zur Messung der Informationsverteilung in Unternehmen benutzen kann, ist die „strategische Informationsdeckungsziffer". Sie drückt das Verhältnis zwischen den erhältlichen Informationen und dem Informationsbedarf aus (vgl. Kaplan, et al., 1997 S. 130). Die erhältlichen Informationen können z. B: „der Anteil an Prozessen mit real-time Informationen über die Qualität, die Zykluszeit und die Kosten sein" (Kaplan, et al., 1997 S. 130). Als letzten „Befähiger" steht die Motivation, die Übertragung von Verantwortung und das kommunizieren von Zielen, sowie das Einbinden von Mitarbeitern bei dem Zielbildungsprozess im Vordergrund. Eine häufig verwendete Kennzahl in diesem Zusammenhang ist die „Anzahl der Verbesserungsvorschläge je Mitarbeiter". Allein das Messen dieser, ist jedoch nicht ausreichend (vgl. Kaplan, et al., 1997 S. 131 f.). Anreizsysteme (z. B. Gehaltsbonus bei umgesetzten Verbesserungsvorschlägen), das interne veröffentlichen umgesetzter Vorschläge und persönliche Rückmeldungen über eingereichte Verbesserungsvorschläge (Feedback) können dafür sorgen, dass die Qualität und die Anzahl von Verbesserungsvorschlägen zunehmen. Dadurch können einerseits Kosteneinsparungen erzielt und die Mitarbeitermotivation gesteigert werden. Kennzahlen und Maßnahmen wie diese erhöhen zwar die Verbundenheit der Mitarbeiter mit dem Unternehmen, eine Übereinstimmung mit den Unternehmenszielen liegt jedoch nicht vor. Kaplan und Norton schlagen deswegen ein vier Phasen Konzept vor (vgl. Kaplan, et al., 1997 S. 134f.):

1. Verbreitung des BSC-Ansatzes im Management
2. Kommunikation mit den Mitarbeitern
3. Zielsetzung für die Kennzahlen
4. Verknüpfung persönlicher Ziele mit der BSC

In Phase eins schafft das obere Management einen Rahmen für die BSC. In diesem werden die Kennzahlen für die jeweiligen Verantwortungsbereiche sowie ein Plan zur Umsetzung der BSC verabschiedet (Top-Down Prozess). Im zweiten Schritt werden alle von der BSC betroffenen Mitarbeiter und Abteilungen ausführlich über die BSC informiert und mit den Umsetzungsplänen vertraut gemacht. Die Abteilungsspezifischen Ziele werden in Phase drei mit den monetären und nichtmonetären Kennzahlen und finanziellen Anreizen verknüpft. In der letzten Phase bildet jeder Mitarbeiter ein strategiekonformes Ziel aus, welches Auswirkungen auf die Kennzahlen der BSC hat und mit der jeweiligen Tätigkeit in Zusammenhang steht (vgl. Kaplan, et al., 1997 S. 134 f.). Inwieweit das 4-Phasen Konzept auch heute noch Anwendung findet, wird sich in Kapitel 4.2.3 zeigen, wenn die BSC in einen Managementkreislauf integriert wird.

Die Lern- und Entwicklungsperspektive soll somit diejenigen Veränderungstreiber erfassen und abbilden, mit denen der höchstmögliche Zielerreichungsgrad der restlichen Perspektiven erreicht werden kann (vgl. Kaplan, et al., 1997 S. 121). Laut der neuesten Studie von Horvath & Partners (vgl. Horvath, 2008 S. 16) benutzen 75 Prozent von 121 befragten deutschen Unternehmen, die die BSC im Einsatz haben, insgesamt bis zu 30 Kennzahlen. Das bedeutet, dass diese Unternehmen ein strategisches Ziel mit ein bis zwei Kennzahlen verknüpfen. Die restlichen 19 Prozent benutzen zwischen 31 und 60 Indikatoren. Die verbleibenden 6 Prozent benutzen sogar mehr als 60 Kennzahlen. Daraus kann man schlussfolgern, dass die große Mehrheit zwar an den empfohlenen (vgl. Kaplan, et al., 1997 S. 156) vier bis sieben Kennzahlen pro Perspektive festhält; dies jedoch kein Kriterium für eine Einführung einer BSC darstellt. Laut Kaplan und Norton ist die Anzahl der ausgewählten Kennzahlen unwichtig, solange diese durch Ursache-Wirkungsbeziehungen miteinander verbunden sind (vgl. Kaplan, et al., 1997 S. 156). Anzumerken sei hier jedoch auch, dass eine übermäßige Anzahl an Kennzahlen, eine Gefahr für die Übersichtlichkeit eines BSC darstellt (vgl. Horvath, et al., 2009 S. 24).

3.3 Strategy Map

Ursache-Wirkungszusammenhänge werden durch die bereits angesprochenen Leistungs- (Frühindikatoren z. B. pünktliche Lieferung) und Ergebniskennzahlen (Spätindikatoren z. B. Kundentreue) abgebildet und verknüpft. Diese können sich dabei aus internen Kennzahlen (z. B. Durchlaufzeit), externen Messgrößen (z. B. Kundenzufriedenheit); objektiven und quantitativen Indikatoren (z. B. ROCE); subjektiven und qualitativen Kennzahlen (z. B. Mitarbeiterzufriedenheit), sowie auch aus finanziellen und nicht finanziellen Indikatoren zusammensetzen (Siehe Abb. 7, S. 32) (vgl. Baum, et al., 2013 S. 420). Betont werden muss hierbei jedoch, dass eine gute BSC aus Leistungs- und Ergebniskennzahlen gleichermaßen bestehen muss. Eine ausschließliche Abbildung von Ergebniskennzahlen, ohne eine Verknüpfung mit Leistungstreibern gibt keinen Aufschluss darüber, wie die Ergebnisse zustande kommen; die Folge ist, dass dieselben Schwächen wie bei traditionellen Kennzahlensystemen auftreten. Demgegenüber gibt die alleinige Betrachtung der Leistungstreiber keinerlei Auskunft darüber, ob die Strategie erfolgreich umgesetzt wurde (vgl. Kaplan, et al., 1997 S. 144 f.).

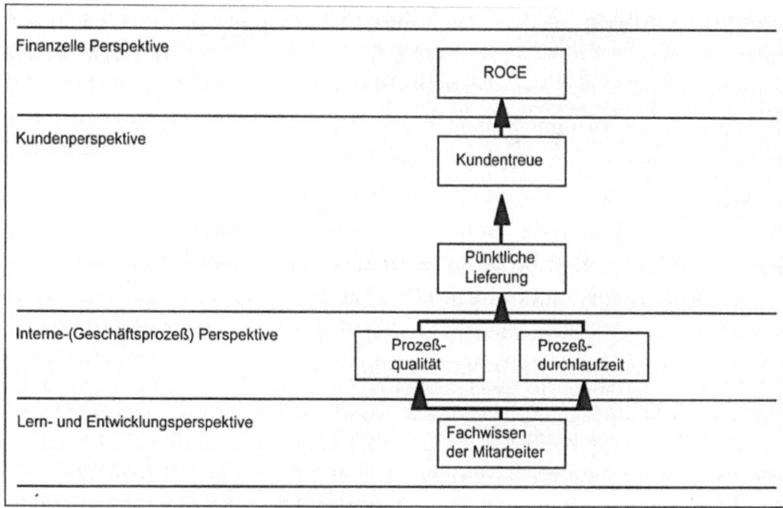

Abbildung 7: Ursache-Wirkungskette in der BSC
Quelle: (Kaplan, et al., 1997 S. 29)

Ergebniskennzahlen und Leistungstreiber dienen somit einerseits dazu, eine Beziehung zwischen den unterschiedlichen Zielen herzustellen und andererseits als Ansatzpunkt für das Management, um mithilfe der BSC ein Unternehmen zu steuern (vgl. Baum, et al., 2013 S. 420; Kaplan, et al., 1997 S. 28 f.). Die Abbildung 7 verdeutlicht diesen Zusammenhang. Die Verknüpfung der Kennzahlen wird bei der finanziellen Perspektive begonnen (Top-Down Ansatz); da die Übergeordneten Ziele eines klassischen Unternehmens die Gewinnerzielung und das Bestehen im Wettbewerb sind. Hierbei muss angemerkt werden, dass die Pfeile die Ursache- und Wirkungsrichtung angeben (Bottom-Up). Im abgebildeten Fall wird die Kapitalrendite als finanzielle Ergebnisgröße ausgesucht. Ein potentieller Treiber dieser Kennzahl ist die Kundentreue; denn diese führt zu stabilen Umsätzen und somit auch indirekt, durch einen höheren EBIT, zu einem höheren ROCE.Kundentreue entsteht durch die volle Befriedigung der Kundenwünsche. Durch das Analysieren der Kundenwünsche kann ermittelt werden, dass in diesem Fall die pünktliche Lieferung (z. B. bei Amazon), als ein von den Konsumenten wichtiges Kaufkriterium angesehen wird.Aus diesem Zusammenhang kann die Kennzahl OTD (on-time-delivery) in die Kundenperspektive mit aufgenommen werden; denn mit ihr kann die Einhaltung der Lieferzeit überprüft werden. Die Prozessqualität, als auch die Prozessdurchlaufzeit sind treibende Faktoren für eine pünktliche Lieferung und werden deswegen auch in die BSC miteinbezogen. Um jedoch die internen Prozesse zu verbessern, müssen die Mitarbeiter durch Schulungen und Weiterbildungen gefördert werden (vgl. Kaplan, et al., 1997 S. 28 f.). Man erkennt, dass eine Ursache-Wirkungskette einen Bezug zwischen den Kennzahlen herstellt. Die Schwierigkeit dabei ist, dass die zusammenhängenden Kennzahlen plausibel hergeleitet werden müssen. Ansonsten besteht die Gefahr, dass die Unternehmensstrategie nicht vollständig bzw. ausreichend durch die Kennzahlen abgebildet wird (vgl. Gleisner, 2000 S. 133 f.). Eine Hilfe bei der finanziellen Ergebnisgröße ROI kann die PIMS-Studie (Profit Impact of Marketing Strategies) bieten. Sie zeigt auf, welche Faktoren maßgeblich für eine Änderung des Unternehmenserfolgs sind. Es konnte z. B. empirisch nachgewiesen werden, dass eine Zunahme der Produktivität (Wertschöpfung pro Mitarbeiter), des relativen Marktanteils und der relativen Qualität der Produkte (aus Kundensicht) einen positiven Einfluss auf den ROI haben. Dagegen wurde ermittelt, dass eine hohe Investitionsintensität zu erhöhten Abschreibungen und auch zu einer höheren Bindung des Kapitals führt (steigendes unternehmerisches Risiko); was einen negativen Einfluss auf den ROI hat. Zudem konnte nachgewiesen werden, dass der Integrationsgrad eines Unternehmens eine Rolle spielt. Eine hohe Leistungstiefe wirkt sich in stabilen Märkten (z. B. Europa) positiv; in schnell wachsenden (z. B. BRIC-Staaten) oder schrumpfenden Märkten eher negativ auf den ROI aus. So gesehen unterstützen die Erkenntnisse aus der PIMS Studie die Bestimmung relevanter finanzieller Einflussgrößen. Trotz dessen, müssen die restlichen Kausalbeziehungen innerhalb der anderen drei Perspektiven durch Sachkenntnis und Logik selbst hergeleitet werden (vgl. Lux, 2010 S. 123 f.).Ein Vorteil dieser Art der Darstellung (siehe Abb. 7), ist die bessere Nachvollziehbarkeit der Zusammenhänge sowie die daraus resultierende vereinfachte Kommunikation der Strategie. Deswegen werden mit strategischen Zielen verknüpfte Kennzahlen auch als „Strategy Maps" bezeichnet (vgl. Greiner, 2012 S. 76). Eine Strategy Map kann man deswegen auch, als die bildhafte Darstellung von festgelegten strategischen Zielen in Ergänzung zu einer Balanced Scorecard sehen.

Laut der unabhängigen Managementberatungsfirma Horvath & Partners verbessert der Einsatz einer Strategy Map die wahrgenommene Strategiekommunikation. Es wurde ermittelt, dass 37 Prozent der Unternehmen, bei denen Strategy Maps eingeführt wurden, größtenteils, bzw. bei 58 Prozent vollumfänglich, die Strategiekommunikation verbessert worden ist. Die Beliebtheit der Strategy Map in Zusammenhang mit der BSC, spiegelt sich in der wesentlichen Verwendung dieser wider. Bis 2004 betrug die hauptsächliche Verwendung der Strategy Map nur 27 Prozent. Neuere Zahlen aus den Jahren nach 2004 kommen auf 49 Prozent. Horvath &

Partners erwarten auch zukünftig einen Anstieg bei der Nutzung von Strategy Maps in Verbindung mit Balanced Scorecards, da dadurch die Kommunikation der Ziele deutlich gesteigert werden kann (vgl. Horvath, 2008 S. 15). Allerdings ist dies auch wenig verwunderlich. 2001 wurde mit dem Buch „Die strategisch fokussierte Organisation", geschrieben von Kaplan und Norton, der Aufbau und die Handhabung von Strategy Maps näher erläutert und in Zusammenhang mit der BSC gebracht; wodurch Strategy Maps bekannter wurden (siehe Kaplan, et al., 2001 S. 63). Abbildung 8 auf S. 35, zeigt den beispielhaften Aufbau einer Strategy Map auf Unternehmens- bzw. Konzernebene. Hier wird die Verknüpfung der strategischen Ziele untereinander und zwischen den verschiedenen Perspektiven deutlich.Die Strategy Map kann in drei vertikale strategische Themen und ein horizontales Thema mit Lern- und Wachstumszielen unterteilt werden. Dabei stellen die vertikalen Themen einen Bezug zu den einzelnen Geschäftsbereichen her (hier von links nach rechts: Materialwirtschaft, Marketing, Produktion). Die horizontale Unterteilung zeigt die vier verschiedenen Perspektiven an, sowie das übergeordnete Thema der Entwicklungsperspektive. Jedes Thema, z. B. „die Qualität und Effizienz im operativen Geschäft steigern", besitzt eigene Ursache-Wirkungsketten und zeigt somit die Verknüpfung der strategischen Ziele an. Die einzelnen Themen der Konzern-Strategy-Map dienen den Leitern einzelner Geschäftsbereiche zudem auch als Orientierung für die Entwicklung einer, auf Ihren Geschäftsbereich zugeschnittenen, Strategy Map (vgl. Kaplan, et al., 2009 (c) S. 44 ff.) .

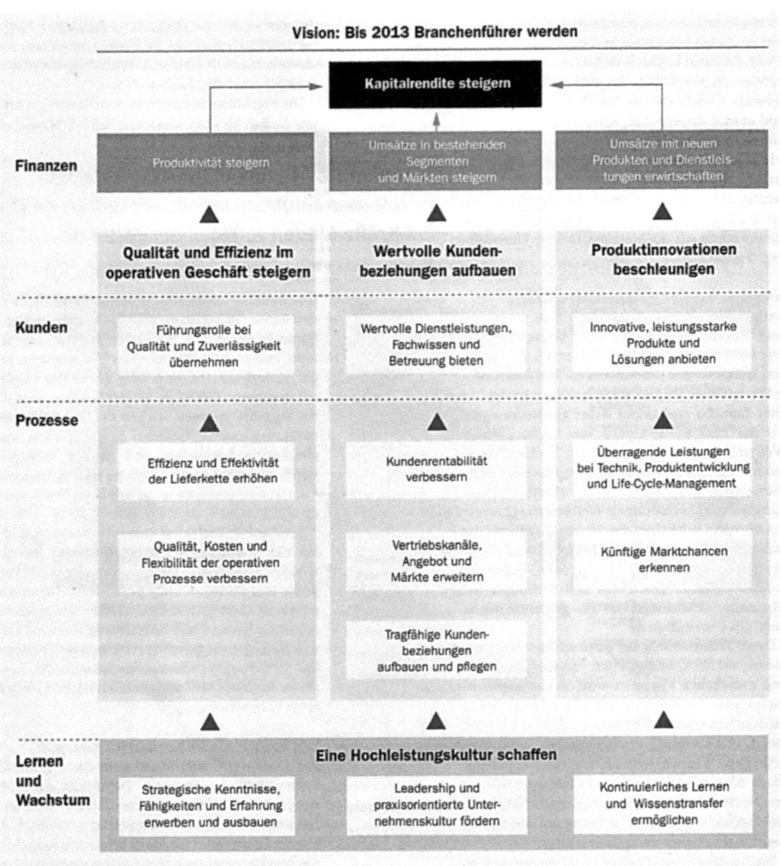

Abbildung 8: Vereinfachte Strategy Map
Quelle: (Kaplan, et al., 2009 (c) S. 44)

Die Herausforderung einer auf die Organisationseinheiten zugeschnittenen Strategy Map, ist die kompakte einseitige Darstellung auf einer Seite. Hierdurch ist das leitende Team dazu gezwungen sich auf die wesentlichen Strategien und Ziele zu konzentrieren, wodurch eine gezieltere Auseinandersetzung mit den verschiedenen Themen möglich ist (vgl. Spitzenpfeil, 2012 S. 321). Gleichzeitig ist es aber auch möglich lang-, mittel- und kurzfristige strategische Themen abzubilden. Hierbei können die vertikalen Abschnitte zeitlich voneinander abgegrenzt betrachtet werden (vgl. Kaplan, et al., 2009 (c) S. 46). In Abb. 8 (siehe S. 35) kann man dies erkennen. Das strategische Thema „Qualität und Effizienz im operativen Geschäft steigern" ist ein kurzfristiges Ziel und muss dementsprechend anders umgesetzt werden, als das Thema „Wertvolle Kundenbeziehungen aufbauen". Der Nutzen, den eine Qualitäts- und Effizienzsteigerung bringt, ist bereits nach 6 bis 12 Monaten messbar. Die Produktinnovation zu beschleunigen, bzw. Umsätze mit neuen Produkten und Dienstleistungen zu erwirtschaften, dauert dagegen mehrere Jahre und muss deshalb auch für sich geplant und strukturiert werden. Allerdings bleibt durch die Struktur der Strategy Map der Zusammenhang zwischen den einzelnen Themen und dem Unternehmensziel erhalten (vgl. Kaplan, et al., 2009 (a) S. 94).

Nun stellt sich einem jedoch die Frage, wo man eine BSC und eine Strategy Map in das Management implementiert und ob hierdurch die Anforderungen, welche an ein PMS gestellt werden, erfüllt werden können. Um diese Fragen zu beantworten, ist es erforderlich den Zweiten Kernaspekt dieser Arbeit mit dem PMS in Einklang zu bringen: die Strategie.

4 Strategieimplementierung

4.1 Probleme bei der Strategieumsetzung

In dieser Arbeit steht neben den Performance-Management-Systemen auch die Implementierung von Strategien im Fokus der Betrachtung. Daher ist es entscheidend zu verstehen, was Strategien sind und welche Probleme in der Praxis die Umsetzung dieser behindern.Das Wort Strategie stammt aus der strategischen Kriegslehre und setzt sich aus den beiden altgriechischen Worten „stratos" (das Heer) und „agein" (führen) (vgl. Fischer, et al., 2012 S. 117) zusammen. Übertragen auf die Wirtschaft kann man es als das Führen eines Unternehmens interpretieren. Als Strategie wird in der Literatur im weitesten Sinne: „the determination of the basic long-term goals and objectives of an enterprise, and the adoption of courses of action and the allocation of resources necessary for carrying out these goals" (Chandler, 2001 S. 23) verstanden.Eine Strategie ist somit das grundsätzliche Verhalten eines Unternehmens, mit welchem dieses seine langfristigen Geschäftsziele erreichen kann. Daraus folgt, dass die Ausrichtung eines Unternehmens am Markt und die dazu notwendigen wettbewerbsrelevanten Ressourcen (in Form von Kapital, Arbeitskräften etc.) bestimmt und aufgebaut werden müssen (vgl. Hungenberg, 2006, S. 8; Fischer, et al., 2012 S. 117). Nach einem theoretischen Ansatz gliedert sich ein Strategieprozess in drei Phasen (vgl. Hungenberg, 2006, S. 10):

1. Strategische Analyse
2. Strategieformulierung und -auswahl
3. Strategieimplementierung

Auch in der Realität wird häufig die Strategieimplementierung von der Strategieformulierung als getrennt betrachtet. Während die Unternehmensführung die Strategien formuliert und somit eine enge Verbindung zu den strategischen Zielen und der Unternehmensvision hat, wird die Strategie durch das mittlere Management und deren Fachkräfte in die Praxis umgesetzt (vgl. Zahn 1999 S. 14, zit. n. Raps, 2004 S. 25). Dadurch ist es auch zu erklären, dass 95 Prozent der Mitarbeiter eine Strategie nicht verstehen (vgl. Kaplan, et al., 2009 (d) S. 58). In der Fachliteratur wird dieses Phänomen als „The Vision Barrier" (Waniczek, 2008 S. 30) bezeichnet. Ein weiteres Problem bei der Umsetzung von Strategien ist die „Ressourcenbarriere" (vgl. Waniczek, 2008 S. 134). Durch Kaplan und Norton (vgl. 2009 (d) S. 58) wurde dabei festgestellt, dass 60 Prozent der Unternehmen ihre Strategie nicht mit dem Budgetierungsprozess verbinden. Als Folge davon, werden die personellen und finanziellen Ressourcen mit den kurzfristigen (eine Periode), anstatt länger-fristigen Zielvorgaben verknüpft. Des Weiteren, werden auch bei 70 Prozent des mittleren Managements die Anreize nicht mit den strategischen Zielen verknüpft (Kaplan, et al., 2009 (d) S. 58). Dieses Problem tritt bereits bei den traditionellen und zum großen Teil auch immer noch bei den wertorientiert steuernden Unter-nehmen auf (siehe Kapitel 2.3). Auch Waniczek (vgl. 2008 S. 30) kommt zu dem Ergebnis, dass nur 25 Prozent der Manager durch monetäre und nichtmonetäre Anreize mit den Strategien verbunden sind. Außerdem verbringen laut Kaplan und Norton (vgl. 2009 (d) S. 58) die meisten Führungsteams weniger als eine Stunde im Monat damit die Strategie zu besprechen, was eine Diskussion und Überprüfung der strategischen Themen erschwert (Reportingproblem).Daraus folgt, dass die mangelnde Einbeziehung der Mitarbeiter sowie die unzureichende Verbindung von strategischen Zielen mit Anreizsystemen und Budgetierungsprozessen, ein weit verbreitetes Problem bei der Steuerung und der Implementierung von Strate-gien in Unternehmen darstellt. Um diesen Problemen vorzubeugen bzw. diese zu lösen, ist es wichtig die Ziele so zu formulieren, dass sie von allen Beteiligten ver-standen und somit auch richtig umgesetzt werden können. Zudem muss die strate-gische und operative Planung enger verzahnt werden, um mangelndes Verständnis zu beseitigen und die persönlichen Ziele und Anreize mit der Strategie zu verknüp-fen (vgl. Spitzenpfeil, 2009, S. 135). Als methodische Lösung bietet sich somit ein Managementkreislauf an, bei dem die Balanced Scorecard in Kombination mit der Strategy Map als ein Performance-Management-System integriert ist.

4.2 Managementkreislauf

In Kapitel 3.1 (S. 14f.) wurde u.a. festgestellt, dass das Grundkonzept von PMS wie ein kybernetischer Controlling Kreislauf aufgebaut ist und sich in diesen imple-mentieren lässt. Des Weiteren wurde gezeigt was für Probleme bei der Strategie-implementierung auftreten. Nun soll analysiert werden, ob durch das Integrieren von BSC und Strategy Map in einen Managementkreislauf, die häufig auftretenden Strategieprobleme gelöst werden und schlussendlich die Strategie auch umgesetzt werden kann.

Als Managementkreislauf soll hier eine erweiterte Version des „Closed-Loop-Ma-nagement System", welches 2008 unter dem Titel: „The Execution Premium. Lin-king Strategy to Operations for competitive Advantage" (Kaplan, et al., 2009 (a) S. 4) von Kaplan und Norton veröffentlicht wurde, dienen. Der Kreislauf orientiert sich inhaltlich und äußerlich an dem in der Zeitschrift „Harvard Business Manager"

(Kaplan, et al., 2009 (c) S. 42) abgebildeten Managementkreislauf. Zusätzlich wurde er um Bestandteile des im Buch „Der effektive Strategieprozess" (Kaplan, et al., 2009 (a) S. 22) vorkommenden Kreislaufs erweitert, um einen ganzheitlichen Überblick über das Managementsystem zu gewährleisten. (siehe Abb. 9, S. 40). Die Phasen im Überblick:

- Phase 1: Die Strategie entwickeln
- Phase 2: Die Strategie greifbar machen
- Phase 3: Ausrichtung der Organisation
- Phase 4: Die Umsetzung planen
- Phase 5: Überwachen und lernen
- Phase 6: Die Strategie testen und anpassen

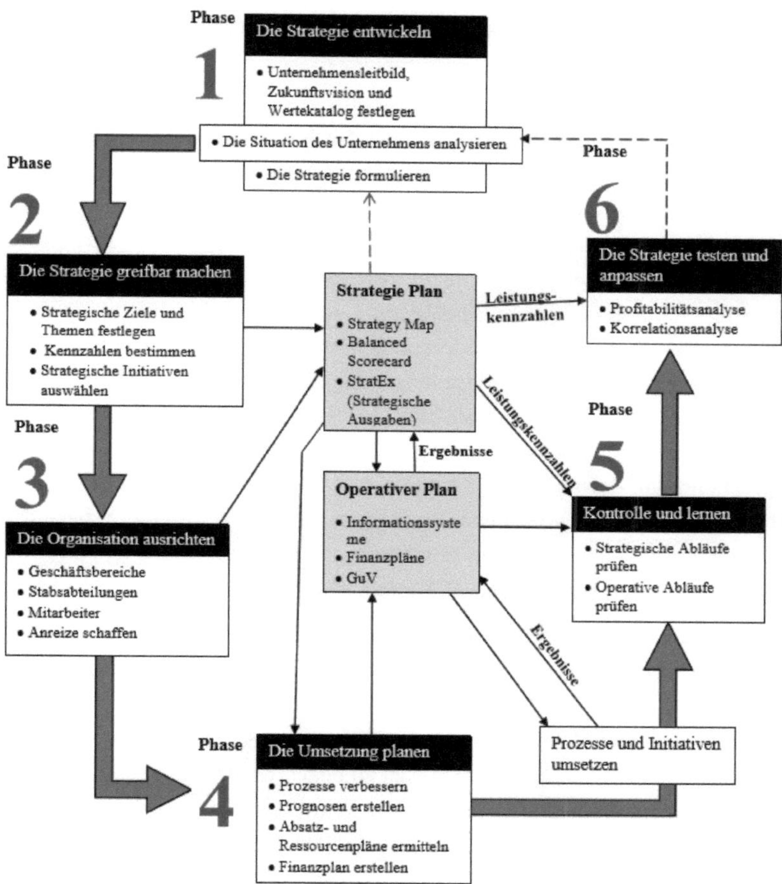

Abbildung 9: Managementkreislauf

Quelle: (Eigene Darstellung in Anlehnung an Kaplan, et al., 2009 (c) S. 42; Kaplan, et al., 2009 (a) S. 22)

4.2.1 Die Strategie entwickeln

Technologische, soziale oder ökologische Veränderungen sowie Krisen (z. B. Finanzkrise 2007), haben Einfluss auf den Wettbewerb und damit auch auf die Unternehmen. In der Praxis wird deswegen häufig eine Unternehmensstrategie (auch Gesamtstrategie genannt) nach drei bis fünf Jahren durch eine neue ersetzt (vgl. Kaplan, et al., 2009 (c) S. 41). Während diesem Zeitraum wird die Unternehmensstrategie von einem Managementteam, in der Regel, einmal jährlich überprüft und ggf. angepasst.

Vor der Formulierung einer neuen Strategie wird das Leitbild (Zweck und Sinn eines Unternehmens), die Vision (langfristiges Ziel bis 10 Jahre), als auch der Wertekatalog (interne Einstellung, erlaubtes und verbotenes Verhalten) erneut überprüft, bzw. bei Gründung oder Neuausrichtung einer Organisation festgelegt. Hierbei setzen sich der Geschäftsführer, Vertreter des Managements und der Geschäftsbereiche, als auch leitende Manager verschiedener Funktionen, bei einer Sitzung zusammen. Da die Werte und das Leitbild, den Sinn und Zweck, als auch den Charakter eines Unternehmens widerspiegeln und die Grundausrichtung einer Organisation darstellen, bleiben diese langfristig meistens unverändert (vgl. ebenda, et al., 2009 (c) S. 41; Kaplan, et al., 2009 (a) S. 55).Die zeitlich begrenzte Unternehmensvision ist die oberste Zielvorgabe eines Unternehmens und weicht dementsprechend von der aktuellen Situation und Position einer Organisation ab. Diese Unternehmensvision wird in der Praxis auch als „Vision Statement" bezeichnet und besteht aus einem festgelegten Zeitrahmen, einem anspruchsvollen Ziel und einem angestrebten Marktsegment (vgl. Kaplan, et al., 2009 (c) S. 41 f.).

Im Zweiten Teil der Strategieentwicklung wird mithilfe strategischer Analyseinstrumente die interne und externe Situation erfasst. Bei der externen Analyse werden zum einen, die politischen, wirtschaftlichen, sozialen, technischen, umweltbezogenen und rechtlichen Faktoren auf Entwicklungstrends untersucht (aus dem englischen: PESTEL-Analyse). Dabei ist zu beachten, dass nur diejenigen Trends in die Analyse miteingehen, welche für das betrachtete Unternehmen relevant sind. Zum anderen analysieren die Führungskräfte auch den Wettbewerb. Hierfür könnte das Fünf-Kräfte-Modell von M. Porter verwendet werden (Verhandlungsmacht der Käufer, Verhandlungsmacht der Zulieferer, Ersatzprodukte, neue Anbieter, Konkurrenzdruck der vorhandenen Wettbewerber). Bei der Betrachtung des eigenen Unternehmens bietet es sich zudem an eine Wertschöpfungskette nach dem Modell von Porter zu erstellen (vgl. Kaplan, et al., 2009 (c) S. 43). Hierbei werden Kosten- und Differenzierungsvorteile durch die Untergliederung der einzelnen Geschäftsbereiche in strategisch relevante Aktivitäten (für genauere Informationen siehe Welge, et al., 2012 S. 362-376) sichtbar gemacht.Im nachfolgenden Schritt können die Ergebnisse der internen, als auch der externen Analysen in einer SWOT-Analyse abgebildet werden. In dieser werden die internen Stärken und Schwächen, aber auch die externen Chancen und Risiken abgebildet. Diese Matrix zeigt dem Management, inwieweit die externen und internen Faktoren der Vision zuträglich oder abträglich sind, bzw. was einer Umsetzung dieser im Wege steht (vgl. Kaplan, et al., 2009 (c) S. 43).

Als Struktur bietet es sich daher an, bereits in der Anfangsphase die Stärken und Schwächen auf Grundlage einer BSC aufzubauen und diese entweder in die vier klassischen Perspektiven oder nach Funktionsbereichen zu ordnen (vgl. Lux, 2010 S. 36; Kaplan, et al., 2009 (a) S. 68 f.). In einer Studie von Horvath & Partners (vgl. 2008, S. 10) konnte nachgewiesen werden, dass die BSC bei 29 Prozent vollständig bzw. bei 31 Prozent die BSC größtenteils ein integraler Bestandteil der Strategieentwicklung ist. Ein Grund dafür lässt sich darin finden, dass sich bereits zu Beginn eventuelle Strategieumsetzungsprobleme, in den einzelnen Perspektiven, durch den Einsatz einer BSC ermitteln lassen. Die betrachteten Risiken und Schwächen helfen dem Management dabei, strategierelevante Fragen zu stellen. Die Manager, als auch die eingebundenen Fachkräfte der strategischen Planung, können auf Grundlage der gesammelten Informationen eine Strategy Map, mit den wichtigsten strategischen Themen und Fragen, zusammenstellen (vgl. Kaplan, et al., 2009 (a) S. 69). Beispielsweise könnte bei einem Modegeschäft, durch die SWOT-Analyse, ein Mangel in der Erreichung eines neuen finanziellen Wachstums (Finanzperspektive) durch das Ausbleiben neuer Kundschaft ermittelt werden (Kundenperspektive). Dies wirft nun die Frage auf, wie neue Kunden zu gewinnen sind. Solche Fragestellungen können daraufhin in einer Strategy Map abgebildet und somit für strategische Meetings als Leitfaden zur Strategieformulierung und Umsetzung benutzt werden. Bei der eigentlichen Formulierung der Strategie geht es nun darum, herauszufinden, wo und wie sich ein Unternehmen dem Wettbewerb stellt (vgl. Kaplan, et al., 2009 (a) S. 54). Hierbei gibt es eine Vielzahl von Methoden und Möglichkeiten, wie z. B. die Ressourcentheorie, die Positionierungsstrategien nach Porter oder disruptive Innovationsstrategien, um nur ein paar zu nennen (weitere Strategieformen siehe Welge, et al., 2012 S. 456). Welche Methoden die Richtigen für ein Unternehmen sind, ist von der Situation eines Unternehmens abhängig und soll hier nicht weiter ausgeführt werden. Unabhängig von den ausgewählten Methoden geht es bei der Strategieformulierung darum, die Richtung eines Unternehmens vorzugeben. Dementsprechend wird durch eine kreative Strategieformulierung versucht, einen langfristigen Wettbewerbsvorteil zu erzielen. Bei kommerziellen Unternehmen drückt sich dieser Vorteil schlussendlich in einem finanziellen Erfolg aus (vgl. Kaplan, et al., 2009 (a) S. 77).

4.2.2 Die Strategie greifbar machen

Die eigentliche Neuerung dieses Managementprozesses zeigt sich in Phase zwei. Hierbei müssen strategische Ziele, Maßnahmen und Initiativen mithilfe der BSC und der Strategy Map abgebildet und mit den strategischen Ausgaben (StratEx) verbunden werden. Die in Phase Eins formulierte Unternehmensstrategie wird in Phase Zwei von einem Managementteam in drei bis fünf strategische Themen übersetzt und in die Strategy Map integriert. Wilfried Lux – der Leiter des Kompetenzzentrums Finanzmanagement und Controlling am Institut der IFU-FHS St. Gallen – ergänzt, dass strategische Themen aus den verschiedensten Bereichen ausgewählt werden können. Diese können z. B. aus dem Marktbereich (Kunden, Vertrieb, Image des Unternehmens etc.), dem Leistungsbereich (Sortimentsgestaltung, Produktion, Innovation, Fähigkeiten etc.) oder auch aus den Beziehungen zu anderen Unternehmen (Make or Buy, Kooperationen oder Übernahmen) gebildet werden (vgl. Lux, 2010 S. 41 f.) (Die hier aufgezählten Bereiche, aus denen strategische Themen entnommen werden können, sind nicht festgelegt und können in der Praxis auch andere Bereiche umfassen). Gemeinsam mit der formulierten Strategie lassen sich daraus strategische Ziele bilden und den verschiedenen Perspektiven zuordnen. Die Festlegung und Reihenfolge der strategischen Ziele werden, wie bei der BSC, nach Ursache- und Wirkungsbeziehungen hergeleitet. Auch hier geht man nach dem Top-Down-Ansatz vor (vgl. Kaplan, et al., 2001 S. 76) (vgl. hierzu siehe Kapitel 3.3, S. 32). Nach der Formulierung und Festlegung der strategischen Ziele müssen passende Messgrößen und Zielwerte gefunden werden. Hierbei wird die Strategy Map mit der BSC verknüpft. Welche Kennzahlen für jede der Perspektiven relevant sind wurde in Kapitel 3.2 (S. 18-33) bereits vorgestellt und soll hier nicht weiter ausgeführt werden. Allerdings muss angemerkt werden, dass v.a. einfach zu erhebende Kennzahlen, bzw. bereits vorliegende Kennzahlen, nicht immer sinnvoll mit einer Strategischen Zielsetzung verbunden werden können. Deswegen sind bestehende, als auch neue Kennzahlen stets kritisch zu hinterfragen. Außerdem ist es wichtig, dass jeder Indikator/ jede Kennzahl einem strategischen Ziel zugeordnet ist und umgekehrt. Ist dies nicht der Fall, ist entweder die Kennzahl überflüssig oder das ausgewählte Ziel nicht strategisch (vgl. Lux, 2010 S. 59). Die Konkretisierung der relevanten Kennzahlen ist dabei wie die Messmethodik des Grundkonzeptes in Kapitel 3.1 (S. 14) aufgebaut und soll hier um ein paar weitere Fragen ergänzt und etwas weiter ausgeführt werden.

Im Mittelpunkt der Kennzahlenauswahl stehen die Fragen (vgl. Lux, 2010 S. 59):

- Woher kommen die Werte für die Kennzahl?
- Wer ist der Verantwortliche für das Erreichen des Kennzahlenwertes?
- Welche Anreize müssen zur Erreichung der Zielwerte mit den Kennzahlen verknüpft werden?
- Wie hoch sind die Plan- und Istwerte der festgelegten Kennzahlen?
- Wie häufig müssen die Kennzahlen erhoben werden?
- Welche Initiativen/Maßnahmen müssen ergriffen werden, um die Zielwerte zu erreichen?
- Wie viel kosten die Maßnahmen (StratEx)?

Wie auch in dem vorgestellten Grundkonzept, muss auch in einem in sich geschlossenen Managementsystem die Frage nach der Datenquelle gestellt werden. Im Zeitalter der Informationstechnik (IT) können finanzielle Kennzahlen in IT-Datenbanken gefunden werden. Allerdings beinhaltet eine BSC auch nicht finanzielle Indikatoren. Einerseits können Mitarbeiterkennzahlen zum Teil aus „Human Resource-System[en]" (Lux, 2010 S. 61) und Kundendaten aus entsprechenden CRM-Systemen (Customer-Relationship-Systemen) gewonnen werden.

Selbst Prozesskennzahlen können teilweise aus „Produktionplanungs- [sic!] und Steuerungssystemen" (Lux, 2010 S. 61) (PPS) stammen. Andererseits kann die Kunden- oder Mitarbeiterzufriedenheit nur manuell durch Befragungen erhoben werden (vgl. Lux, 2010 S. 61). Die Erreichung eines Zielwertes darf dabei nicht ausschließlich von derjenigen Person verantwortet werden, welche den Zielwert beeinflussen kann. Beispielsweise ist es wenig sinnvoll einen Vertriebsleiter allein, die komplette Verantwortung für das Erreichen eines hohen Kundenzufriedenheitswertes zu übertragen. In diesem Fall müssen auch vorgelagerte Prozesse, wie die Qualitätskontrolle und die Produktionsleitung zur Mitverantwortung gezogen werden. Bis hierhin kann man sagen, dass alle diejenigen Personen, welche eine Kennzahl beeinflussen können, auch in der Mitverantwortung stehen, den vorgegebenen Zielwert zu erreichen (vgl. Lux, 2010 S. 61).Man könnte nun annehmen, dass Führungs- und Arbeitskräfte grundsätzlich die Geschäftsziele erfüllen möchten. Tatsächlich kommt es jedoch häufiger vor, dass Interessenskonflikte (durch Eigeninteressen) entstehen oder falsche Anreize wie bei den wertsteuernden Konzepten (siehe Kapitel 2.3, S. 9) gegeben werden. Deswegen müssen die Ziele mit darauf ausgerichteten Anreizsystemen verbunden sein (vgl. Lux, 2010 S. 61). Auf diesen essenziellen Aspekt soll später noch genauer eingegangen werden (Kapitel 4.2.3).Die angesprochene Verknüpfung von relevanten Kennzahlen mit den strategischen Zielen ist nur ein wichtiger Aspekt des Kennzahlenaufbaus. Ein weiterer ist der Soll-Ist-Vergleich von Kennzahlendaten. Bei diesem ständigen Prozess, werden Zielwerte mit den Ist-Werten verglichen. Die Zielwerte können dabei auf branchenüblichen Benchmarks, Prognosen oder Erfahrungswerten aus der Vergangenheit beruhen (vgl. Lux, 2010 S. 62). Mit Blick auf die Strategy Map, ist es möglich die Lücke zwischen Plan und Istwerten zu schließen. Hierbei kann ein langfristiges, aus der Vision, abgeleitetes Ziel, z. B. die Einnahmen innerhalb der nächsten fünf Jahre zu verdreifachen (z. B. im Bankensektor); auf die verschiedenen Zielwerte der strategischen Themen aufgeteilt und an deren Zeitpläne angepasst werden (zum vgl. siehe Kapitel 3.3). Um bei dem Beispiel zu bleiben, könnte bei dem Themenbereich „Die operative Exzellenz verbessern", dass Ziel „die jährlichen Kosten pro Kunde" innerhalb der nächsten fünf Jahre um zwanzig Prozent zu senken, durch eine Erhöhung der Kundentreue erreicht werden. Werden bei den einzelnen Themenbereichen die jeweiligen Zielvorgaben erfüllt, so kann, laut Kaplan und Norton, die strategische Lücke geschlossen werden (vgl. Kaplan, et al., 2009 (a) S. 110 f.).

Die Ziele der einzelnen Themenbereiche müssen dabei selbst mit anderen Untergeordneten Zielwerten verknüpft sein, um Ursache- und Wirkung messbar zu machen. Im vorliegenden Fall (Abb. 10) ist ein strategisches Thema mit seinen Zielwerten dargestellt. Man erkennt, dass die Nettoeinnahmen um fünfzig Prozent steigen müssen, um den Zielwert des Themenbereiches „Kundendienst" zu erreichen. Für eine Erhöhung der Nettoeinnahmen müssen die Einnahmen pro Kunde um zwanzig Prozent steigen. Die drei Untergeordneten Leistungstreiber wiederum stehen in einem direkten Verhältnis zueinander und ermöglichen erst das Schließen der themenbezogenen Wertelücke (Plan-Ist-Vergleich). Hierdurch kann die Umsetzbarkeit einer Strategie, laut Kaplan und Norton, überprüft werden (vgl. Kaplan, et al., 2009 (a) S. 115 ff.).

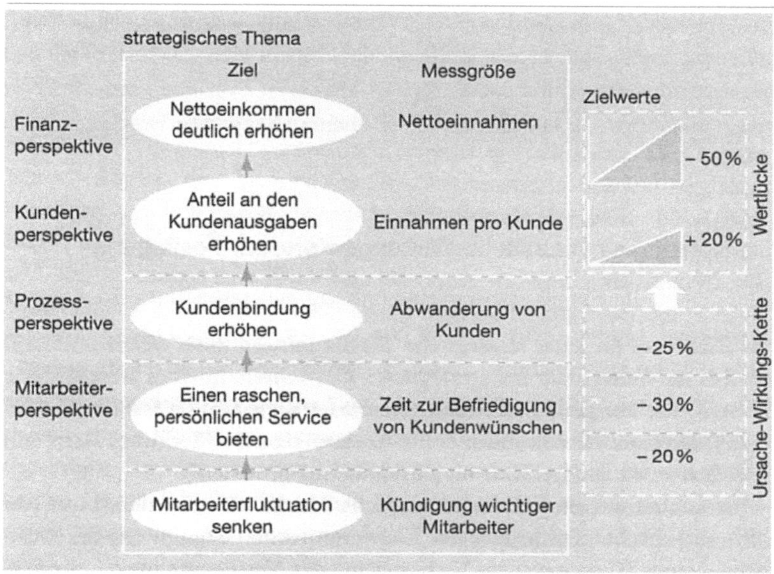

Abbildung 10: Zielwerte mit Ursache-Wirkungsketten festlegen
Quelle: (Kaplan, et al., 2009 (a) S. 116)

Abgesehen davon, ist auch die Häufigkeit der Kennzahlenerhebung nicht zu vernachlässigen. Eine leicht zu erhebende interne Kennzahl, wie z. B. die Produktivität, ist mit geringerem Aufwand verbunden, als eine Kundenbefragung, und demensprechend auch häufiger messbar. Der Aufwand muss somit im Verhältnis zum Nutzen gesehen werden (vgl. Lux, 2010 S. 62).Alle Kennzahlerhebungen bringen jedoch nichts, wenn man nicht weiß wie man die Zielwerte erreichen kann. Ein Unternehmensführer schilderte sein Problem folgendermaßen: „Mit der Hälfte meiner Initiativen erreiche ich strategische Ziele. Ich weiß bloß nicht, mit welcher Hälfte" (Kaplan, et al., 2009 (a) S. 127). Um dieses Problem zu lösen, müssen die strategischen Ziele mit den Initiativen verknüpft sein. Folgendes Zitat beschreibt sehr gut was mit Initiativen gemeint ist: „An initiative is any project or program outside of an organization's day-to-day operational activities that is meant to help the organization achieve its strategy (LaCasse, et al., 2007 p. 7). Kurzum handelt es sich um Maßnahmen, mit denen die Zielerreichung gefördert wird. Dabei hat es sich, laut Kaplan und Norton (vgl. et al., 2009 (c) S. 46), in der Praxis gezeigt, dass es sinnvoll ist, strategische Maßnahmen zu kombinieren. Zum einen, da Finanz- und Kundenmaßnahmen bereichsübergreifend getroffen werden; zum anderen, da es für einzelne bereichsübergreifende Maßnahmen oft niemanden gibt der sich verantwortlich fühlt. Aus diesen Gründen ist es sinnvoll, ausgewählte Maßnahmen auf einer themenbasierten Strategy Map abzubilden. Dabei sollte, in großen Unternehmen ein Topmanager, und in kleineren Betrieben eine Führungskraft (sog. Themenleiter), ein strategisches Thema zugewiesen werden. Dies wird in Abbildung 11 deutlich (S. 48). Jedes strategische Ziel auf der Strategy Map ist mit einer BSC und einem Aktionsplan verbunden. Aufgrund der Ursache-Wirkungsbeziehungen sind keine Initiativen bei der Finanzperspektive notwendig. Das strategiche Thema „Kundenmanagement" (Abb. 11, S. 48) kann nur dann mehr Einnahmequellen erschließen, wenn alle aufgelisteten Initiativen der anderen Perspektiven erreicht worden sind (vgl. Kaplan, et al., 2009 (a) S. 128 ff.). In der Praxis fällt die Auswahl der richtigen Initiativen jedoch häufig schwer (vgl. ebenda, et al., 2009 (a) S. 130). Es bietet sich daher an, ein *Thementeam* (Hervorheb. i. O. ebenda, et al., 2009 (a) S. 146) mit dem Auswählen der Initiativen zu betrauen (die Bildung solcher Thementeams wird im Verlauf der Arbeit noch dargestellt). Solche Teams können anhand eines Bewertungsmodells die von den Mitarbeitern und Führungskräften vorgeschlagenen Initiativen, anhand einer Skala, auf strategischen Nutzen, Ressourcenbedarf und Risiken prüfen (vgl. LaCasse, et al., 2007 pp. 7-9). Abschließend können dann die nach Punktzahl geordneten Initiativen mit dem Führungsteam besprochen und ausgewählt werden (vgl. Kaplan, et al., 2009 (a) S. 133).

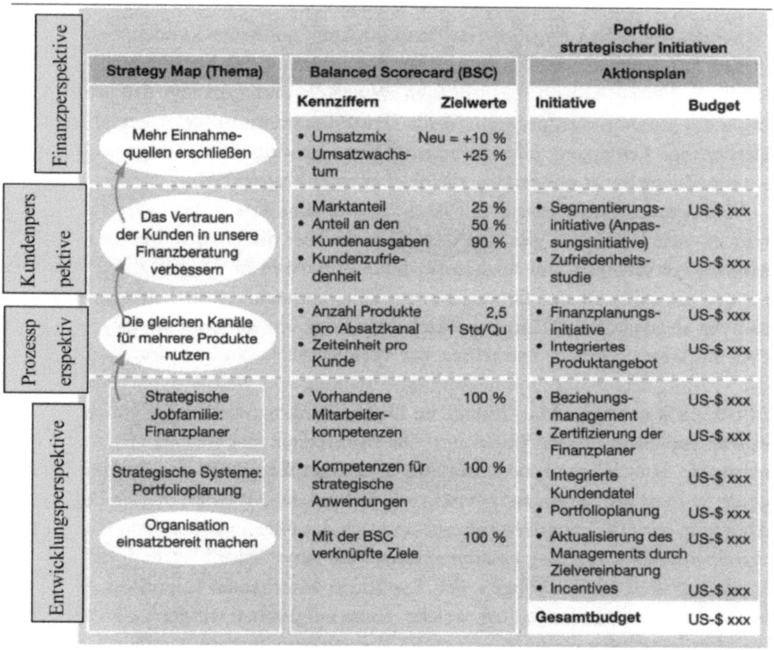

Finanzperspektive

Kundenperspektive

Prozessperspektiv

Entwicklungsperspektive

Strategy Map (Thema)	Balanced Scorecard (BSC)		Portfolio strategischer Initiativen Aktionsplan	
	Kennziffern	Zielwerte	Initiative	Budget
Mehr Einnahmequellen erschließen	• Umsatzmix • Umsatzwachstum	Neu = +10 % +25 %		
Das Vertrauen der Kunden in unsere Finanzberatung verbessern	• Marktanteil • Anteil an den Kundenausgaben • Kundenzufriedenheit	25 % 50 % 90 %	• Segmentierungsinitiative (Anpassungsinitiative) • Zufriedenheitsstudie	US-$ xxx US-$ xxx
Die gleichen Kanäle für mehrere Produkte nutzen	• Anzahl Produkte pro Absatzkanal • Zeiteinheit pro Kunde	2,5 1 Std/Qu	• Finanzplanungsinitiative • Integriertes Produktangebot	US-$ xxx US-$ xxx
Strategische Jobfamilie: Finanzplaner	• Vorhandene Mitarbeiterkompetenzen	100 %	• Beziehungsmanagement • Zertifizierung der Finanzplaner	US-$ xxx US-$ xxx
Strategische Systeme: Portfolioplanung	• Kompetenzen für strategische Anwendungen	100 %	• Integrierte Kundendatei • Portfolioplanung	US-$ xxx US-$ xxx
Organisation einsatzbereit machen	• Mit der BSC verknüpfte Ziele	100 %	• Aktualisierung des Managements durch Zielvereinbarung • Incentives	US-$ xxx US-$ xxx
			Gesamtbudget	US-$ xxx

Abbildung 11: Portfolio strategischer Initiativen am Beispiel „Kundenmanagement"
Quelle: (in Anlehnung an Kaplan, et al., 2009 (a) S. 129)

Eine Maßnahme muss auch finanzierbar sein. Initiativen werden Geschäftsbereichsübergreifend festgelegt. Budgets werden wiederum auf die jeweiligen Geschäftsbereiche oder Funktionsbereiche verteilt. Hierdurch können Verteilungskonflikte entstehen; wodurch die Umsetzung der Initiativen und damit auch die Zielerreichung gefährdet ist. Es bietet sich daher an, einen Gesamtbetrag, ein sogenanntes StratEx (strategic Expenditures), festzulegen. Dieses steht dann zur Finanzierung der Initiativenportfolios aller strategischen Themen zur Verfügung.Dabei ist es entscheidend, dass die bereitgestellten Mittel nicht für kurzfristige Erfolge missbraucht werden (vgl. Kaplan, et al., 2009 (a) S. 140-143). Hierzu kann es kommen, wenn Manager und Leiter von Geschäftsbereichen unter starkem Druck geraten Ergebnisse in kurzer Frist erzielen zu müssen respektive keinen Überblick darüber haben wieviel von den zugeteilten Mitteln für die Umsetzung der Initiativen benötigt wird. Die Folge ist, dass das strategische Budget und die dafür abgestellten Mitarbeiter, für kurzfristige Leistungsverbesserungen benutzt werden oder die Finanzierung der Initiativen hinausgezögert wird (vgl. Kaplan, et al., 2009 (a) S. 142).Anders als die Betriebskosten (OpEx) stellt sich ein

Nutzen durch die StratEx erst mittel- bis langfristig ein. Die Aufteilung des Budgets sollte deswegen von einem Führungsteam festgelegt und verteilt werden. Erfahrene Führungskräfte können bei der Höhe des Budgets, entweder einen Wert schätzen (wie bei Gemein- und Vertriebskosten etc.) oder sich an dem prozentualen Wert der bisherigen Ausgaben für Initiativen an den Gesamtausgaben orientieren (vgl. Kaplan, et al., 2009 (a) S. 140-143). Des weiteren wird von Kaplan und Norton (vgl. Kaplan et al., 2009 (a) S. 144 f.) empfohlen, StratEx als eigenständige Größe in den Budgetierungsprozess aufzunehmen. Dies ist sinnvoll, da die strategischen Ausgaben so bezifferbar und in Zusammenhang mit den Kostenstellen gebracht werden können. Lux fügt hinzu: „[...] [dass] [es] durchaus sinnvoll [ist], neue Kostenarten bzw. Kostenartengruppen dafür zu bilden, [..] [da] [man] [somit] einen transparenteren Überblick über die Kosten der Strategieumsetzung [...] [bekommt].Die Verantwortung für das Ausführen der Initiativen sollte ein Geschäftsbereichsleiter, bzw. ein Fachbereichsleiter (vgl. hierzu S. 47) haben. Dafür spricht, dass eine führende Person bereits Erfahrungen mit dem Umgang mit Mitarbeitern hat und auch über das notwendige Fachwissen verfügt, um Initiativen beurteilen zu können. Ein solcher *„Themenleiter"* (Hervorheb. i. O. Kaplan, et al., 2009 (a) S. 146) ist Teil eines Fachgremiums und wählt diejenigen Personen aus seinem Fachbereich, Regionen oder Stabsabteilungen aus, welche ein *„Thementeam"* (Hervorheb. i. O. Kaplan, et al., 2009 (a) S. 146) bilden sollen. Mitglieder solcher Teams bestehen aus kompetenten und erfahrenen Mitarbeitern, welche die Verantwortung für die Identifizierung und Finanzierung von Initiativen übernehmen. Außerdem stehen sie im engen Kontakt zu den restlichen Mitarbeitern, sodass ein strategisches Thema im Ganzen Unternehmen kommuniziert wird (vgl. Kaplan, et al., 2009 (a) S. 147). Allerdings haben Thementeams keine Weisungsbefugnis ggü. Fachabteilungen oder Geschäftsbereichen. Demgegenüber verfügen Thementeams aber über die Befugnis, Verantwortung auf einzelne Mitarbeiter bestimmter Bereiche zu übertragen; sodass diese den Thementeams und den jeweiligen Abteilungsleitern unterstellt sind. Die Ergebnisse werden in einer monatlichen Besprechung zwischen dem Themenleiter und dem Thementeam diskutiert. Die Themenleiter der einzelnen Geschäftsbereiche treffen sich zusätzlich zu den Themenmeetings, einmal im Monat mit dem Führungsgremium, um über die laufenden Entwicklungen der Initiativen zu berichten und die Strategie zu besprechen (vgl. Kaplan, et al., 2009 (a) S. 147 f.).

4.2.3 Die Organisation ausrichten

Wie in der Einleitung erwähnt müssen die: „strategischen Ziele und Visionen eines Unternehmens auf der operativen Ebene besser und verständlicher umgesetzt" werden.Hier knüpft die Dritte Phase des Managementkreislaufs an.Die auf Unternehmensebene erstellten Strategy Maps und Balanced Scorecards werden nun an einzelne Geschäftsbereiche und Regionen, als auch einzelnen Abteilungen weitergeleitet. Die verschiedenen Bereiche kaskadieren, also verknüpfen ihre strategischen Ziele und Kennzahlen mit der Übergeordneten Scorecard, sodass die Usache-Wirkungsketten erhalten bleiben. Hierfür dient die Unternemensstrategie als Vorlage. Damit soll sichergestellt werden, dass die einzelnen Geschäftsbereiche sich an der Unternehmensstrategie orientieren (vgl. Kaplan, et al., 2009 (a) S. 153-156). Jedoch gibt es auch Außnahmen. Eine Unternehmenskette, wie z. B. H&M, wird aufgrund ihrer fast identischen Filialen eine Übergeordnete Strategy Map und BSC erstellen, damit das Einkaufserlebnis für den Kunden in allen Filialen gleich bleibt. In diesem Fall sind die BSC's und Strategy Maps für alle Geschäfte gleich. In den Normalfällen sind jedoch Geschäftsbereichsspezifische Strategy Maps und Balanced Scorecards auszuarbeiten. Diese beinhalten einerseits Ziele die der lokalen Leistungssteigerung dienen, andererseits aber auch unternehmensweite strategische Ziele (kaskadierte Scorecards) (vgl. Kaplan, et al., 2009 (a) S. 158 f.). Stabsabteilungen (Personal, It etc.) haben dagegen die Funktion, die Geschäftsbereiche bei der Umsetzung der strategischen Ziele zu unterstützen. Die Stabsabteilungen entwerfen dafür jeweils eine eigene Balanced Scorecard und eine Strategy Map, um sie an den Strategien der Geschäftseinheiten anzupassen (vgl. Kaplan, et al., 2009 (a) S. 162 ff.).

Zusätzlich ist es notwendig die Mitarbeiter über die neue Ausrichtung Ihrer Organisation zu informieren. Dafür sind drei Schritte, laut Kaplan (vgl. et al., 2009 (a) S. 169) notwendig:

1. Die Strategie muss mit den Mitarbeitern kommuniziert und verständlich gemacht werden.

2. Die persönlichen Ziele der Mitarbeiter, als auch deren Leistungsprämien müssen an die Strategie angepasst werden.

3. Notwendige Schulungs- und Förderprogramme müssen den Mitarbeitern das nötige Wissen und die richtigen Kompetenzen vermitteln.

Um eine Strategie den Arbeitskräften verständlich zu machen, müssen die jeweiligen Führungskräfte diverse Kommunikationsmittel nutzen. Die Strategie kann dabei über Poster am schwarzen Brett, Präsentationen, Videos, Gespräche als auch über E-Mails etc. vermittelt werden. Johnson betont, dass Führungskräfte die Strategie so oft wie möglich kommunizieren und die Darstellungsformen häufig wechseln sollten, sodass den Mitarbeitern die Strategie immer im Gedächtnis bleibt (vgl. Johnson, 2007 p. 6).Des Weiteren muss die Strategie klar und deutlich kommuniziert werden. Das bedeutet, dass wirtschaftliche Begriffe und Kennzahlen wie z. B. ROI, umgangssprachlich ausgedrückt und diskutiert werden sollten. Mehr noch sollten, laut Johnson (2007 pp. 6-7), auf einer Grafik: „[...] three defining behaviours for each of the [..] [company] values" abgebildet sein. Die „behaviours" übersetzen die Werte in einfache Sätze, die jeder Mitarbeiter versteht. (vgl. Johnson, 2007 pp. 6-7). Die Vorteile des BSC-Konzeptes treten v.a. hier deutlich hervor. Das beweist eine Studie, bei der 47 Prozent der Teilnehmer angaben, dass das gemeinsame Strategieverständnis durch den Einsatz einer BSC vollständig, respektive bei 40 Prozent, größtenteils verbessert worden ist. Außerdem gaben 45 Prozent der BSC-Nutzer an, dass die Strategiekommunikation insgesamt verbessert wurde; weitere 38 Prozent stimmten dem größtenteils zu (vgl. Horvath, 2008 S. 11). Im Schnitt sind somit rund 90 Prozent der befragten BSC-Nutzer davon überzeugt, dass das gemeinsame Strategieverständnis und die Strategiekommunikation durch den Einsatz einer BSC verbessert wird. Eines in dieser Arbeit schon häufig angesprochenes Thema, ist die Kopplung des Anreizsystems mit den Leistungen der Mitarbeiter. Laut den Erfahrungen von Kaplan und Norton, war der Balanced Scorecard Ansatz, v.a. dann erfolgreich, wenn: „[...] die durch Führungskräfte und Kommunikationsprogramme geschaffene Motivation mit derjenigen [Motivation] [...] [verbunden] [werden] [konnte], die durch die Ausrichtung persönlicher Leistungsziele und Prämien [..] [entstanden] [ist]" (Kaplan, et al., 2009 (a) S. 177). Bevor ein Prämiensystem entwickelt, bzw. die BSC an dieses angeschlossen werden kann, ist der Zweck eines solchen Systems zu hinterfragen. „Was bringt ein solches System für die Unternehmenskultur?"; „Was für Anreize sollen dadurch gegeben werden?". Ähnlich verhält es sich mit der Entwicklung eines solchen Programms. „Wer soll an der Entwicklung des neuen Programms beteiligt sein?" (Niven, 2009 S. 330). Bei dieser Frage sollten Führungskräfte hellhörig werden. Durch Einbeziehung von verschiedenen Gruppen innerhalb eines Unternehmens bei der Entwicklung, wird gewährleistet, dass das Prämiensystem als gerecht angesehen und akzeptiert wird (vgl. Niven, 2009 S. 330 f). Niven schlägt zudem vor, den Mitarbeitern gleich zu Beginn den Nutzen und die Wirkungsweise zu erklären; sowie einen Termin für die Überprüfung eines solchen Systems zu nennen (z. B. nach einem Jahr). So steigt einerseits die Akzeptanz eines solchen Systems an, andererseits wird dadurch gewährleistet, dass Fehler im Prämiensystem regelmäßig korrigiert und Anpassungen nicht willkürlich gemacht werden (vgl. Niven, 2009 S. 330 f.). Möchte man ein Prämiensystem umsetzen sind jedoch noch weitere Aspekte von Bedeutung.

Das Timing und die Anzahl der Leistungskennzahlen eines Prämiensystems sind von der Qualität der Ursache-Wirkungsbeziehungen abhängig. Vorschnell eingeführte Prämiensysteme bergen die Gefahr, Mitarbeiter für das Erreichen von Zielwerten zu belohnen; obwohl die Zielvorgaben wenig bis gar keine Auswirkungen auf das strategische Ziel haben. Die selbe Gefahr besteht auch bei der Einführung neuer Kennzahlen. Auch hier sollten die Prämien an verlässliche Messgrößen gebunden sein, um nachweisen zu können, wie die Prämie zu Stande gekommen ist. Sind die Ursache-Wirkungsbeziehungen klar definiert, dann spielt die Anzahl der Kennzahlen keine Rolle (vgl. Niven, 2009 S. 331 ff.) (zum vgl. siehe Kapitel 3.2.4, S. 31)Ebenso ist es von Bedeutung, ob man Gruppen oder Einzelpersonen anhand ihrer Leistung belohnt. Einerseits sind Prämienausschüttungen an Einzelpersonen ein guter Motivator und direkt zurechenbar. Andererseits kann in einem hohen kommunikativen Umfeld auch das Gegenteil eintreten. Beispielsweise wenn eine Arbeitskraft den Zielwert durch die vorangegangenen Leistungen seiner Kollegen, bzw. mithilfe deren Wissen (Wissenaustausch,) erreicht und dadurch höher vergütet wird. In dem Fall wäre eine Teamprämie angemessener (vgl. ebenda, 2009 S. 332 f.). Andererseits verleiten Teamprämien auch zum „trittbrettfahren". Das bedeutet, dass Mitglieder einer Gruppe von den Prämien profitieren, obwohl sie wenig zum Gesamterfolg der Gruppe beigetragen haben. In der Praxis kommen daher beide Varianten zum Einsatz (vgl. Lux, 2010 S. 133 f.).In Hinsicht auf die Perspektiven der BSC, stellt sich die Frage, inwieweit die Prämien an die Perspektiven verknüpft sind. In der Praxis stehen bei kommerziellen Unternehmen die finanziellen Größen im Vordergrund. Dadurch kommt man zu dem Schluss, dass das Erreichen von finanziellen Zielwerten die alleinige Größe bei der Bestimmung von Prämien darstellt. Dieser Schluss ist jedoch nicht richtig. Anhand der BSC und den Ursache-Wirkungsbeziehungen ist es möglich, auch die Kennzahlen der Kunden-, Prozess- und Entwicklungsperspektive entsprechend zu gewichten und zu vergüten (vgl. Niven, 2009 S. 334). Die Häufigkeit der Prämienausschüttung kann einerseits an den langfristigen Erfolg der Strategie gebunden werden. Dies hat aus Unternehmenssicht den Vorteil, dass erst nach dem Erreichen eines langfristigen Zielwertes eine Prämie gezahlt wird. Andererseits kann es auch von Vorteil sein, eine kürzere Zeitspanne für die Prämienausschüttung festzulegen. Kurzfristige Belohnungen, z. B. am Ende eines Jahres, können die Motivation und die Aufmerksamkeit der Arbeitskräfte wieder auf das strategische Ziel ausrichten (vgl. ebenda, 2009 S. 334 f.).Ein von Niven (vgl. 2009 S. 338 ff.) und Kaplan (vgl. et al., 2009 (a) S. 177 ff.) vorgestelltes Modell, ist ein auf der Balanced-Scorecard basierendes Prämiensystem (weitere Modelle siehe Niven, 2009 S. 336-343). Bei diesem Modell werden auf der Führungsebene, Bereichs-, Abteilungs-, als auch Mitarbeiterebene Scorecards gebildet. Auf Führungsebene werden die Zielwerte, je nach Bereich gewichtet. Bei einem Vertriebsleiter wird infolge der Nähe zu den Kunden, die Kundenperspektive und deren Zielwerte am stärksten gewichtet (vgl. Niven, 2009 S. 338 f.).Bei den Mitarbeitern werden stattdessen persönliche Scorecards gebildet und mit Abteilungsspezifischen Zielen und Kennzahlen verknüpft; je nach Erfüllungsgrad und Schwierigkeit das vorgegebene Ziel zu erreichen, gewichtet und einmal jährlich mit dem Vorgesetzten besprochen (vgl. Kaplan, et al., 2009 (a) S. 177 f.). Allerdings belegen Studien, wie die von Horvath & Partners (vgl. 2008, S. 16), dass nur sieben Prozent der 123 befragten Unternehmen persönliche Scorecards auf Mitarbeiterebene eingeführt haben.Die Kluft zwischen Modell und Praxis kann jedoch auch teilweise daran liegen, dass manche Unternehmen unter einer individuellen BSC auf Mitarbeiterebene, den gesamten Prozess von der Strategiebildung, Zielableitung, Bestimmung spezifischer Kennzahlen, Entwurf einer eigenen Strategy Map etc. verstehen. In der Realität sind derlei umfassende BSC's aus Komplexitäts- und Zeitgründen als kritisch zu betrachten. Deswegen könnte die Anzahl der persönlichen Scorecards auf Mitarbeiterebene auch höher liegen.

Sind allerdings persönliche Scorecards für die Mitarbeiter vorhanden, sollten die jeweiligen Ziele auch erreicht werden. Dafür kann ein Unternehmen, Wissen und Fähigkeiten an seine Mitarbeiter durch Schulungs- und Förderprogramme weitergeben bzw. aufbauen. Eine Karriereplanung unterstützt die Mitarbeiter zusätzlich dabei, auch die privaten Ziele umzusetzen. Bis hierhin fällt auf, dass solche Maßnahmen häufig in Unternehmen Anwendung finden und keine Seltenheit sind. Der Unterschied besteht allerdings darin, wie ein Unternehmen Wissen vermittelt. Sorgt ein Unternehmen dafür, dass alle Mitarbeiter einer Abteilung die gleiche Schulung erhalten? Oder geht man auf die speziellen Anforderungen und benötigten Qualifikationen der verschiedenen Positionen innerhalb einer Abteilung ein? In einer Fallstudie von Kaplan und Norton (vgl. Kaplan, et al., 2009 (a) S. 181-183) wird auf die zweite Frage Bezug genommen. In der Fallstudie wurden die Mitarbeiter der verschiedenen Positionen in denjenigen Bereichen geschult, welche für die Ausübung ihrer Tätigkeit am notwendigsten waren. Dafür wurde ein Projektteam ins Leben gerufen. Ihre Aufgabe bestand darin, zu ermitteln, welcher Mtarbeiter über was für Kompetenzen verfügte. Das Projektteam verknüpfte die Schulungsmaßnahmen mit den strategisch notwendigen Bereichszielen (hier: Vertrieb). Das Endergebnis der Fallstudie waren zufriedenere Mitarbeiter, ein höherer Umsatz und eine höhere Kundentreue. Angemerkt werden muss hierbei, dass mit Schulungen auch immer ein zeitlicher Aufwand und Kosten verbunden sind.

Es fällt auf, dass das in Kapitel 3.2.4 (S. 30), von Kaplan und Norton 1997, vorgestellte Phasenmodell, mit dem neuen Managementkreislauf zwar übereinstimmt, jedoch in der Realität in Bezug auf die Erstellung von persönlichen Mitarbeiter Scorecards immer noch keine Verbesserung stattgefunden hat (vgl. Horvath & Partners, 2008 S. 16).

4.2.4 Die Umsetzung planen

Bevor es an die eigentliche Umsetzung der Strategie geht, müssen noch Geschäftsprozesse an die strategischen Prioritäten angepasst und Prognosen, Budgets und operative Pläne an die Strategie ausgerichtet werden (vgl. Kaplan, et al., 2009 (a) S. 187).Total Quality Management, Six Sigma oder Lean-Management sind nur ein paar der verschiedenen Modelle, um die Qualität von Prozessen, Produkten und Dienstleistungen zu verbessern (vgl. Kaplan, et al., 2009 (a) S. 188). Die Neuerung durch die BSC und die Strategy Map liegt in der Ausrichtung dieser Programme an den strategischen Zielen. Durch die kausalen Zusammenhänge der Kennzahlen bei der BSC und der Verknüpfung der verschiedenen strategischen Ziele bei der Strategy Map ist es möglich, diejenigen Prozesse zu identifizieren, welche für die Strategieumsetzung am wichtigsten sind. Anhand der Abb. 12 wird deutlich, wie man die, durch die BSC und Strategy Map festgelegten strategischen Ziele mit dem Qualitätsmanagement kombinieren kann.

Anhand der BSC können die strategischen und operativen Prozesse getrennt, und in einer Matrixdarstellung abgebildet werden. Das Quality Assessment unterteilt dann die verschiedenen Prozesse entsprechend ihrer Qualität in verschiedenen Klassen auf, sodass sich eine vier-Felder Matrix ergibt (Siehe Abb. 12, S. 56).

Liegen nun in unerlässlichen operativen Prozessen, wie z. B. bei der Wartung von Anlagen oder Computernetzwerken, Qualitätsmängel vor, dann hat das negative Auswirkungen auf die Zielerreichung und sollte zumindest soweit verbessert werden, dass die Mindestansprüche erreicht werden. Besonderes Augenmerk muss das Management dabei auf die strategisch relevanten Prozesse legen, welche als verbesserungswürdig angesehen werden. Diese sind entweder zu schlecht oder noch nicht genügend mit der Strategie verknüpft und müssen durch Zuhilfenahme von weiteren Ressourcen wie z. B. Six Sigma Black Belts verbessert werden. Ansonsten besteht die Gefahr das die Produktivitätsverbesserungen nicht erreicht und die damit verbundenen Finanzziele verfehlt werden (vgl. Kaplan, et al., 2009 (a) S. 195 f.).

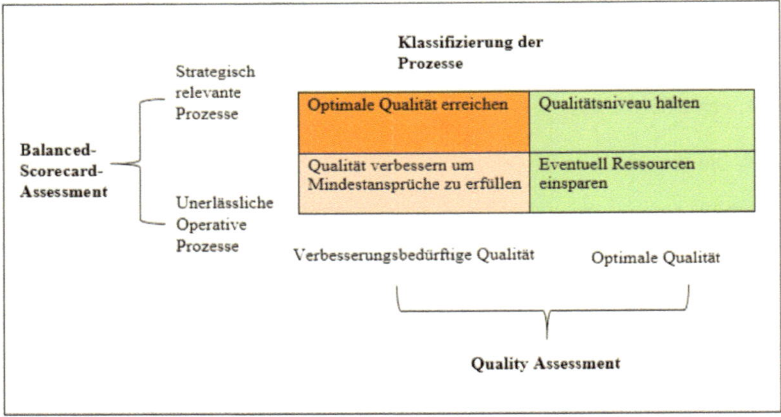

Abbildung 12: Kombination von BSC-Assessment und Quality-Assessment
Quelle: (Eigene Darstellung in Anlehnung an Kaplan, et al., 2009 (a) S. 195)

Nach dem die entsprechenden Prozesse identifiziert wurden, können die Mitarbeiter über Informationssysteme (wie z. B. elektronische Dashboards) über ihre täglichen bzw. stündlichen Leistungen informiert werden. Hieran lässt sich schnell erkennen, wie gut ein Prozessabschnitt funktioniert. Im Gegensatz zu den meisten Kennzahlen der BSC, welche abteilungsübergreifend sind und erst nach einem Monat oder mehr, Ergebnisse liefern; verfügen Dashboards über operative schnell verfügbare Prozesskennzahlen von Abteilungen oder Fachbereichen, wodurch die Mitarbeiter direktes Feedback über die laufenden Verbesserungen erhalten (Plan-Ist Vergleich etc.) (vgl. Kaplan, et al., 2009 (a) S. 208). Laut Kaplan und Norton sollten Prozessverbesserungen unternehmensweit z. B. via Intranet verbreitet werden, um anderen Bereichen als Vorbild zu dienen und gegenseitiges Lernen zu ermöglichen (Weitergabe von Best Practices) (vgl. Kaplan, et al., 2009 (a) S. 215 f.).

In Kapitel 4.2.2 wurde auf die Eingliederung von den strategischen Ausgaben in die Budgetplanung gesprochen. Allerdings machen Ausgaben für strategische Initiativen, laut Kaplan und Norton (vgl. Kaplan, et al., 2009 (a) S. 219), im Normalfall nur bis zu zehn Prozent vom Gesamtbudget aus. Der Rest wird für die Betriebs- und Investitionskosten benötigt.Aufgrund des hohen Anteils von Betriebs- und Investitionskosten ist es in der Praxis üblich diverse Prognosen, wie z. B. über den Absatz- oder Produktivitätssteigerungen anzufertigen (vgl. Kaplan, et al., 2009 (c) S. 47). Eine Prognose ist allgemein gesprochen eine Vorhersage wie sich etwas künftig entwickeln wird. Allerdings werden Prognosen in wirtschaftlichen Zusammenhängen nicht „vorhergesagt", sondern aufgrund von Analysen getroffen. In der Literatur und in Unternehmen wird häufig von sogenannten „Rolling Forecasts" gesprochen. „Rolling Forecasts" sind Prognosen, welche sich über einen Prognosezeitraum von bis zu sechs Quartalen beziehen. Dabei ist es üblich pro Quartal eine neue Prognose zu erstellen und die bereits angefertigten Prognosen auf ihre Aktualität zu prüfen (vgl. Kaplan, et al., 2009 (a) S. 226 f.). Angemerkt werden muss hierbei, dass Prognosen u.a. für Absatz- und Ressourcenpläne genutzt und deswegen auch schlussendlich für die Festlegung der Betriebskosten und Investitionen von Bedeutung sind. In dem vorgestellten Managementkreislauf sind die Prognosen der Absatzpläne grundlegend, um die Ressourcen die zukünftig benötigt werden zu bestimmen. Die Neuerung bei der Budgetierung tritt erst bei der Ressourcenplanung auf. Hierbei wird eine abgeänderte Version des bekannten ABC-Modells (Activity-Based-Costing-Modell) verwendet. Das sogenannte TDABC-Modell (Time-Driven-Activity-Based-Costing) gilt als die Weiterentwicklung des ABC-Modells und wird dazu benutzt den Ressourcenbedarf abzuschätzen. Inwieweit jedoch das TDABC-Modell einem ABC-Modell vorgezogen werden kann, soll hier nicht weiter ausgeführt werden (Es sollte nur der Vollständigkeit halber erwähnt werden). Nach dem ermittelten Ressourcenbedarf der zukünftigen Perioden, können die entsprechen finanziellen Mittel bereitgestellt werden. Das benötigte Gesamtbudget ergibt sich somit, vereinfacht formuliert, aus der Absatz- und Ressourcenplanung. Die erwarteten Kosten sind dabei entweder Bestandteil der Betriebs- (wie z. B. Personalkosten) oder der Investitionskosten (z. B. Erweiterung einer Produktionsanlage) und lassen sich somit einkalkulieren.

Auf Grundlage der ermittelten Kosten können daraufhin noch der Pro-Forma-Gewinn („Vorab-Gewinn"), als auch eine genaue Gewinn- und Verlustrechnung erstellt werden (vgl. Kaplan, et al., 2009 (c) S. 47 f.). Sind alle Prozesse bis hierhin erfolgreich durchlaufen, kann mit der Umsetzung der Strategie begonnen werden.

4.2.5 Kontrolle und lernen

Kernaspekte dieser Phase sind die operativen und strategischen Lagebesprechungen.Das Ziel dieser Besprechungen sind die Steuerung und laufende Überwachung der beschlossenen Maßnahmen. In den operativen Lagebesprechungen stehen kurzfristige, akute Probleme im Vordergrund. Die Häufigkeit der Besprechungen hängt zum einen davon ab, wie schnell neue Daten zur Verfügung stehen; zum anderen, wie oft neue Daten erhoben werden (vgl. Kaplan, et al., 2009 (a) S. 264). Besprechungen können demnach monatlich, aber auch wöchentlich bzw. manchmal auch täglich erfolgen. Im Topmanagement finden dagegen die finanziellen Lagebesprechungen, laut Kaplan und Norton, nur einmal im Monat statt. Die Besprechungen hängen also von den jeweiligen Geschäftszyklen ab (vgl. Kaplan, et al., 2009 (c) S. 50 f.).Durch das Zeitalter der Digitalisierung ist es zudem möglich Berichte im Vorhinein global abzurufen. Hierdurch können Lagebesprechungen über Ländergrenzen hinweg über Video- oder Telefonkonferenzen geführt werden. Außerdem ist es dadurch möglich vorab Informationen auszutauschen, wodurch Zeit für die Problemlösung und Entscheidungsfindung gespart werden kann. Die im letzten Kapitel vorgestellten Online-Dashboards bieten eine Methode sich schnell über Prozessänderungen zu informieren und sind deswegen geeignet um in ein relevantes Thema einzusteigen. (vgl. Kaplan, et al., 2009 (a) S. 265).Die Teilnehmer von operativen Lagebesprechungen stammen meistens aus ein und derselben Abteilung, demselben Funktionsbereich oder arbeiten an demselben Prozess. Aufgrund dessen, dass sich das Fachwissen der Teilnehmer überschneidet, ist es möglich kurzfristige aktuelle Probleme wie z. B. Fehler in der Produktion, zu lösen, bzw. sie gemeinsam zu analysieren (vgl. Kaplan, et al., 2009 (a) S. 264). In den strategischen Lagebesprechungen geht es darum die momentanen Probleme und Ergebnisse der Strategie in Hinsicht auf die vorgegebenen Ziele und Initiativen zu besprechen und Lösungen und Gründe für Abweichungen zu ermitteln. Kaplan und Norton fanden heraus, dass es sinnvoll ist bei einer Sitzung ein oder zwei strategische Themen ausführlich zu besprechen (vgl. Kaplan, et al., 2009 (c) S. 51 f.; Kaplan, et al., 2009 (a) S. 273). Teilnehmer solcher Sitzungen sind die Geschäftsleitung und das Führungsgremium; bestehend aus den Leitern der strategischen Themen und dem Führungsteam. Mehr noch empfiehlt es sich erfahrene Fachkräfte übergreifender anderer Geschäftsbereiche hinzuzuholen, um eine andere Sicht auf die Probleme zu erhalten (vgl. Kaplan, et al., 2009 (a) S. 274 ff. und S. 323).Die Häufigkeit der Lagebesprechungen hat sich auch in diesem neueren Kreislaufsystem nicht geändert. Sie wird nach wie vor einmal im Monat bzw. vierteljährlich abgehalten. Die Ursache findet sich in den Initiativen. Die Ergebnisse der Maßnahmen brauchen laut Kaplan und Norton: „[...] in der Regel länger als einen Monat [...]" (Kaplan, et al., 2009 (c) S. 51) bis sie messbar werden. Horvath & Partners (vgl. 2008 S. 20) können laut ihrer aktuellen Studie bestätigen, dass 51 Prozent der befragten Unternehmen, quartalsweise und 22 Prozent monatlich oder kürzer, Meetings zur Besprechung der Ziele einberufen. In Kapitel 4.1. wurde festgestellt, dass in vielen Unternehmen, im Schnitt, nur eine Stunde pro Monat dafür genutzt wird, die Strategie zu besprechen. Allerdings werden Besprechungen, so Kaplan und Norton (et al., 2009 (c) S. 51), durch die Einführung ihrer Instrumente, auf zwei bis drei Stunden pro Sitzung angesetzt. Eine mögliche Erklärung könnte in der umfassenden vorhergegangenen Strategieplanung zu finden sein. Die Auflistung der strategischen Themen, als auch die Erfassung der Zielwerte und Maßnahmen kaskadierter Scorecards, ermöglichen eine transparentere Sicht auf die laufenden strategischen Manahmen und Zielvorgaben. Die Frage ist, ob sich durch die längere Besprechungsdauer in den Meetings auch die Probleme, welche bei Strategien auftreten, gelöst werden können. Laut einer Studie von Horvath & Partners (vgl. 2008 S. 20), beinhalten die Managementtreffen durch die Strategy Map und BSC mehr funktionsübergreifende und zukunftsorientierte Themen und regen zu konstruktiven und auf die Strategie fokussierte Diskussionen an (siehe Abb. 13).

Wie wirkt sich der Einsatz der Balanced Scorecard in Management Meetings aus?

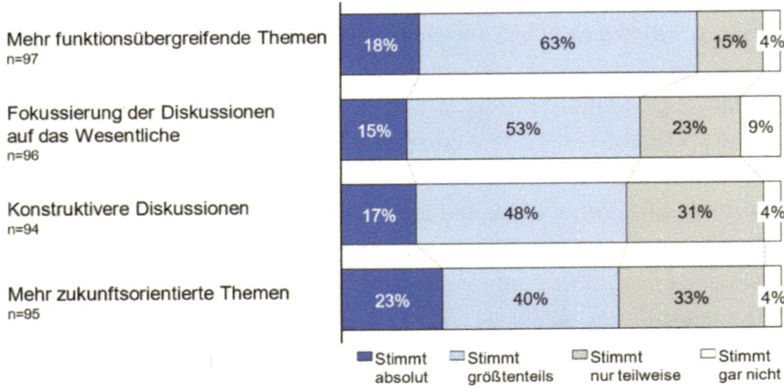

Abbildung 13: Auswirkungen der BSC und Strategy Map auf Management Meetings
Quelle: (Horvath, 2008 S. 20)

4.2.6 Die Strategie testen und anpassen

In der letzten und finalen Phase des Managementkreislaufs wird die Strategie an sich hinterfragt. Dabei müssen die Geschäftsführung, die Themenleiter, die Analysten und Leiter der Geschäftsbereiche entscheiden, ob sich eine Strategie gar nicht, vollständig oder nur teilweise ändern muss. Anpassungen dieser Art, finden gewöhnlich in der jährlichen Strategiebesprechung statt. Vor der eigentlichen Strategiebesprechung, müssen jedoch verschiedene Schritte unternommen werden, um die laufende Strategie zu testen.Als ersten Schritt muss eine Profitabilitätsanalyse durchgeführt werden. Anders als mit der reinen Gewinn- und Verlustrechnung, erfasst die Prozesskostenrechnung (TDABC oder ABC-Modell) nicht die Gewinne und Verluste für das gesamte Unternehmen, sondern vielmehr die, für jedes Produkt; jeden Kunden; jedes Marktsegment und jede Region angefallen Aufwände und Erträge. Dadurch kann ein Unternehmen die erfolgreichen Produkte und DL von denjenigen unterscheiden, bei denen die Strategie nicht aufgegangen ist (vgl. Kaplan, et al., 2009 (a) S. 304 ; Kaplan, et al., 2009 (c) S. 53 f.). Dieses Wissen kann ein Unternehmen nun dazu benutzen, Prozessverbesserungen/-änderungen, eine neue Preisgestaltung oder eine bessere Gestaltung der Kundenbeziehungen vorzunehmen (vgl. Kaplan, et al., 2009 (c) S. 54). Dies allein ist jedoch nicht ausreichend, um eine Strategie auf ihre Aktualität und Funktionalität zu prüfen. In dem vorgestellten Managementkreislauf ist das PMS (bestehend aus BSC und Strategy Map) ein fester

Bestandteil. Einer der Gründe weswegen man die BSC einführt, sind die bereichsübergreifenden durch Ursache-Wirkungsketten verbundenen Kennzahlen. Aus diesem Grund bietet es sich an, mit einer „Korrelationsanalyse" (vgl. Kaplan, et al., 2009 (a) S. 294), die strategischen Kennzahlen auf ihre Zusammenhänge (Ursache-Wirkungsketten) zu überprüfen. Hierdurch können entweder Zusammenhänge bestätigt oder irrtümlich angenommene Zusammenhänge entdeckt werden (vgl. Kaplan, et al., 2009 (c) S. 54). Werden negativ korrelierende strategische Ziele entdeckt können sich diese auf die finanziellen Ergebniskennzahlen niederschlagen. Ist dies der Fall, dann müssen weitere Daten für die Ursachenforschung gesammelt werden. Mithilfe einer BSC und einer Strategy Map ist somit nicht garantiert, dass mit der Erfüllung der Zielvorgaben auch die strategischen Ziele erreicht werden.Deshalb wird von den Erfindern der BSC, auch eine jährliche Überprüfung der Strategie empfohlen (vgl. Kaplan, et al., 2009 (a) S. 295). Wie auch in Phase eins werden nicht nur interne, sondern auch externe Informationen zu Wettbewerbern, Kunden und dem makroökonomischen Umfeld gesammelt und ausgewertet. Je nach den veränderten Bedingungen des unternehmerischen Umfelds sind daraufhin Anpassungen an den Zielwerten, Initiativen und Kennzahlen oder strategische Zielen vorzunehmen, sodass der Kreislauf von neuem beginnen kann.

4.3 Kritische Würdigung des BSC-Ansatzes

Die Analyse der BSC in Verbindung mit der Strategy Map, innerhalb eines Managementkreislaufs, hat gezeigt, dass die an Performance-Management-Systemen gestellten Anforderungen erfüllt worden sind (siehe S. 13).Ebenfalls wurden die aufgeführten Strategieprobleme (siehe S.37 f.) vollständig behoben. Die „Vision Barrier", konnte durch eine klar strukturierte Strategiekommunikation (Strategy Map, Gespräche etc.) beseitigt werden. Mehr noch konnte die „Ressourcenbarriere" durch die Verknüpfung der strategischen Ausgaben mit dem Budget durch eine klare Trennung zwischen kurzfristigen und langfristigen Ausgaben eliminiert werden.Zudem wurde festgestellt, dass das schwerwiegende Problem der Verknüpfung des Anreizsystems mit den strategischen Zielen, durch gewichtete Zielvorgaben auf Managementebene gelöst werden konnte. Der letzte, von Kaplan und Norton, angeführte Kritikpunkt, dass die meisten Führungsteams weniger als eine Stunde im Monat für Besprechungen nutzen, konnte durch die geschaffene Transparenz beseitigt werden.Woran liegt es dann, dass trotz der hohen Zufriedenheit von 80 Prozent (vgl. Horvath & Partners, 2008 S. 11) der BSC-Anwender, nur 14 Prozent (Betriebe mit weniger als 100 Mitarbeitern) respektive 27 Prozent

(Betriebe mit mehr als 100 Mitarbeitern) von insgesamt 138 befragten mittelständischen Unternehmen die BSC eingeführt haben (vgl. Vohl, 2014 S. 1)?

Einer der Gründe ist die fehlende Kaskadierung der Unternehmens-Scorecard auf die unteren Ebenen. Diese Aussage spiegelt sich auch in Studien von Horvath & Partners wieder. 82 Prozent der befragten Unternehmen implementierten die BSC auf Unternehmensebene. Dagegen implementieren nur 28 Prozent die BSC auf Abteilungsebene und sogar nur 7 Prozent auf der Mitarbeiterebene (vgl. Horvath & Partners, 2008 S. 16). Dadurch, dass der Bezug zu den, auf Top-Ebene formulierten, strategischen Fragen, ohne die entsprechenden Zielfestlegungen auf andere Geschäftsebenen, verloren geht, ist auch die Nachvollziehbarkeit der Strategie gefährdet (vgl. Niven, 2009 S. 411). Aufgrund dessen, dass die Implementierung der BSC in Richtung der operativen Geschäftsbereiche abnehmend ist, ist es auch zu erklären, dass das Vergütungssystem der Führungskräfte, als auch dessen der Mitarbeiter, bei zwei Drittel der Unternehmen gar nicht oder nur teilweise an das PMS gebunden ist (vgl. Horvath & Partners, 2008 S. 23).

Der Grund der niedrigen BSC-Einführungen auf den unteren Geschäftsebenen, kann auf die Ursache-Wirkungsbeziehungen zurückgeführt werden. Die PIMS-Studie nennt zwar Faktoren, welche Auswirkungen auf den finanziellen Unternehmenserfolg (ROI) haben, allerdings müssen die Ursache-Wirkungsbeziehungen innerhalb der anderen Perspektiven mithilfe von Erfahrungen, Fachkenntnis und Logik abgeleitet werden (vgl. Lux, 2010 S. 123 f.).Die Schwierigkeit dabei ist, laut Gleisner (vgl. 2000 S. 133 f.), dass die zusammenhängenden Kennzahlen plausibel hergeleitet werden müssen. Ansonsten besteht die Gefahr, dass die Unternehmensstrategie nicht vollständig bzw. ausreichend durch die Kennzahlen abgebildet wird. Die Gefahr Ergebnis- und Leistungsindikatoren auf einer falschen Ursache-Wirkungskette aufzubauen, wird durch die Tatsache verstärkt, dass es mindestens einen Monat dauert, bis messbare Ergebnisse zu den vorgenommenen Maßnahmen vorliegen (vgl. Kaplan, et al., 2009 (c) S. 51). Diese Art der Verzögerung, wird von Kritikern als „time-lags" (Norreklit, et al., 2008 p. 66) bezeichnet: „A cause-and-effect relationship requires a time lag between cause and effect. It is problematic that the time dimension is not an explicit part of the scorecard. The effect of the lead measures will occur at different points of time, because the effects of the different perspectives involve different time scales" (Norreklit, et al., 2008). Befürworter der Scorecard, wie Kaplan und Norton, verweisen auf ihre Strategy Map, auf welcher kurz-, mittel- und langfristige Ziele abgebildet werden können (vgl. Kaplan, et al., 2009 (c) S. 46). In der Praxis, verknüpfen jedoch 40 Prozent der BSC-

Anwender ihren Kennzahlen nicht mit Ursache-Wirkungsketten, bzw. führen keine Strategy Maps ein (vgl. Horvath & Partners, 2008 S. 12).Allerdings gibt es durch Korrelationsanalysen die Möglichkeit, die Ursachen Wirkungszusammenhänge zu überprüfen (vgl. Kaplan, et al., 2009 (a) S. 294). Ein Nachteil ist jedoch, dass für eine gründliche Analyse, Daten über mehrere Monate aus den verschiedensten Geschäftsbereichen gesammelt und ausgewertet werden müssen. Bezieht man diese Analysen auf langfristige Innovationen kann es sogar Jahre dauern bis Zusammenhänge erkannt werden können.

Die Verantwortung eines Mitarbeiters bzw. einer Führungskraft darüber, ob ein Ziel erreicht wird, ist auch von den Ursache-Wirkungsketten abgängig. Wird ein Zielwert durch eine Arbeitskraft beeinflusst, dann ist diese auch für den damit zusammenhängenden Zielwert verantwortlich. Es kommt jedoch häufig vor, dass Mitarbeiter der verschiedensten Abteilungen denselben Zielwert (direkt oder indirekt) beeinflussen. Hierin besteht die Problematik. Bei einer möglichen Verfehlung der Zielvorgabe kann es passieren, dass sich niemand verantwortlich fühlt (vgl. Lux, 2010 S. 61). Die Ursache-Wirkungsketten sind somit insgesamt als kritisch zu betrachten. Aus den genannten Gründen verwundert es deshalb auch nicht, dass viele Topmanager, die Idee der BSC nicht unterstützen. Laut Horvath & Partners (vgl. 2008 S. 31) führte bei 80 Prozent der „BSC-nicht-mehr-Anwender" (2008 S. 31) eine mangelnde Top-Management-Unterstützung zur Einstellung des PMS. Aus Niven's Sicht ist eine mangelnde Top-Management Unterstützung der Grund Nummer eins, weshalb eine BSC scheitert. Er sagt, dass: „ [..] [ein] engagierter, kenntnisreicher Topmanager [..] für eine erfolgreiche Einführung der Balanced Scorecard völlig unverzichtbar [ist]." (2009, S. 416 f.)

Abhilfe können Schulungen und Workshops bieten. 59 Prozent der von Horvath & Partners befragten Unternehmen gaben an, externe Berater oder interne Spezialisten bei der Einführung der BSC zu Rate zu ziehen. Demgegenüber muss man jedoch anmerken, dass eine Unterstützung bei dem Aufbau einer BSC bzw. Strategy Map bei 31 Prozent der Fälle zwischen 50.000€ und 250.000€ kostet (vgl. Horvath & Partners, 2008 S. 28). Andererseits geben 75 Prozent der BSC-Anwender an, dass der „Pay-back" deutlich höher ist, als der dadurch entstandene finanzielle oder organisatorische Aufwand (vgl. Horvath & Partners, 2008 S. 29).

Man kann also festhalten, dass sich die BSC und die Strategy Map einerseits, bei erfolgreicher Implementierung lohnen, da durch sie die Probleme, die bei der Strategieimplementierung auftreten, gelöst werden können.Andererseits treten aber immer noch Probleme bei der Umsetzung auf. Ursache-Wirkungsbeziehungen müssen zum großen Teil selbst hergeleitet werden; „Time-Lags" sorgen für eine Verzögerung der messbaren Ergebnisse; und unklare Verhältnisse von Verantwortungsbereichen, hinsichtlich der Einflussnahme auf die Zielvorgaben, können schließlich dafür sorgen, dass selbst das Top-Management an dem PMS zweifelt und es nicht mehr unterstützt.Externe Berater und Workshops können zwar bei der Implementierung hilfreich sein, schlussendlich liegt es jedoch an jeder Organisation selbst, ein Performance-Management-System zum Erfolg zu führen. Eine uneingeschränkte Gültigkeit des betrachteten PMS, in Bezug auf die Einleitungsfrage, kann aufgrund der ermittelten Schwächen somit nicht gegeben werden.

5 Fazit

In dieser Arbeit wurde deutlich, dass eine klare Einordnung des Begriffs „Performance" schwerfällt. Aus diesem Grund wurde Performance als das Potential für die zukünftige erfolgreiche Durchführung von Handlungen bezeichnet, mit welcher man die übergeordneten (langfristigen strategischen Ziele) und untergeordneten Ziele (operativen Ziele) erreichen kann (Übers. d. Verf. Lebas, 1995 p. 23). Die Performance in einem Unternehmen muss messbar sein, damit vergangene mit aktuellen Werten verglichen und als Grundlage für zukünftige Planungen und Zielvorgaben genutzt werden können. Dafür ist es relevant Kennzahlen zu besitzen, anhand derer man beurteilen kann, inwieweit ein Unternehmen seine Zielvorgaben erreicht hat. Es hat sich jedoch gezeigt, dass v. a. traditionelle rein finanzorientierte Kennzahlensysteme, wie das „DuPont-Kennzahlensystem", nicht geeignet sind, um „weiche" Faktoren (wie Kunden- oder Mitarbeiterzufriedenheit), geschweige denn Ursache-Wirkungszusammenhänge abzubilden und somit auch schlecht auf zukünftige Problemfelder verweisen können. Zudem ist es mit vergangenheitsbasierenden Kennzahlen nur mit zeitlicher Verzögerung möglich die Richtigkeit von Entscheidungen nachzuprüfen. Auch konnte gezeigt werden, dass neuere wertorientierte Steuerungskonzepte dem Anspruch eines Steuerungssystemes auch nicht gerecht werden können, da sie durch ihre starke Anbindung an das Kapital eines Unternehmens, für kleinere Unternehmen nur wenig von Nutzen sind; ebenso werden Vorstandsvergütungen bei 2/3 aller wertsteuernden Unternehmen nicht mit wertorientierten Kennzahlen verknüpft, sodass es zu falschen Anreizen kommen kann (vgl. Gitt, et al., 2013 S. 107). In den neunziger Jahren wurde deshalb das „Performance Measurement", was sich hauptsächlich mit der Leistungsmessung beschäftigt, entwickelt. Viele Autoren sind sich jedoch uneinig darüber, ob das „Performance Measurement" ein Teil des „Performance Management" ist, oder umgekehrt. Deshalb wurde in dieser Arbeit darauf verwiesen, dass das „Performance Management" den Rahmen für die Leistungsmessung bildet, bei der die Informationen des „Performance Measurement" zur mehrdimensionalen Steuerung verwendet werden. Ein daraus abgeleitetes Performance-Management-System behebt die Schwächen traditioneller Kennzahlensysteme, indem auch zukunftsbezogene, mehrdimensionale Informationen zur Leistungssteuerung miteinbezogen und über alle Leistungsebenen hinweg kommuniziert werden. Weitere zu erfüllende Anforderungen sind: die Einbeziehung der Anspruchsgruppen in den Zielbildungsprozess, als auch das herunterbrechen von Vision, Leitbildern und Zielen zu Kennzahlen.

Die Frage nach dem Aufbau und dem Ablauf eines „Performance-Management-Systems" konnte anhand der Balanced Scorecard modellhaft veranschaulicht werden. Die Grundstruktur von „Performance-Management-Systemen" bilden dabei die 5 Phasen: Diagnosis (Zielwerte bestimmen und Messmethodik festlegen), Projection (Ausrichtung von Indikatoren an Zielwerten), Valuation (Umsetzung und Bewertung der Ergebnisse), Application (Nutzung der Ergebnisse und Feedback) und Diagnosis Review (Verbesserungsprozess) (vgl. Cates, D.C. 1997, S. 56, zit. n. Grüning, 2002 S. 13 ff.). Anhand der Grundstruktur konnte abgeleitet werden, dass sich Performance-Management-Systeme in den kybernetischen Controlling Kreislauf (bestehend aus Planung, Realisation und Kontrolle) einfügen lassen. Im Folgenden wurde deshalb, das Grundprinzip der BSC näher erläutert, um eine Wissensgrundlage für die darauf aufbauende Implementierung der BSC in einen Managementkreislauf zu schaffen. Es wurde gezeigt, mit welchen Fragestellungen sich ein Unternehmen befassen muss, um die richtigen Kennzahlen auszuwählen bzw. welche Kennzahlen für jede der vier Perspektiven, relevant sind. In der Finanzperspektive wurde gezeigt, dass der Unternehmenszyklus einen Einfluss auf die Auswahl der Finanzkennzahlen hat. Des Weiteren konnte gezeigt werden, dass die Finanzperspektive aus Spätindikatoren besteht. Spätindikatoren sind Ergebniskennzahlen, mit denen eine gewählte Strategie gemessen werden kann. In der Kundenperspektive wurde stattdessen festgestellt, dass sowohl Spät- als auch Frühindikatoren enthalten sind. Frühindikatoren sind Leistungskennzahlen, die etwas über die erforderlichen Maßnahmen zur Zielerreichung aussagen. Bei der Dritten untersuchten Perspektive konnte festgestellt werden, dass Ergebniskennzahlen (Spätindikatoren) in Kombination mit Leistungskennzahlen (Frühindikatoren) bei der Entwicklung von entsprechenden Maßnahmen (Initiativen) nötig sind, um ein strategisches Ziel zu erreichen. Bei der Betrachtung der Lern- und Entwicklungsperspektive konnte ermittelt werden, dass die Leistungstreiber einen Einfluss auf die Ergebniskennzahlen haben. Es wurde festgestellt, dass eine „ausgewogene Scorecard" aus Leistungs- und Ergebniskennzahlen gleichermaßen bestehen muss. Bei einer übermäßigen Verwendung von Ergebniskennzahlen, ist unklar wie das Ziel erreicht worden ist. Im entgegengesetzten Fall geben Leistungstreiber alleine keinen Aufschluss darüber, ob eine Strategie erfolgreich umgesetzt wurde. Ergebniskennzahlen und Leistungstreiber dienen somit einerseits dazu, eine Beziehung zwischen den unterschiedlichen Zielen der Perspektiven herzustellen und andererseits als Ansatzpunkt für das Management, um mithilfe der BSC ein Unternehmen zu steuern (vgl. Baum, et al., 2013 S. 420; Kaplan, et al., 1997 S. 28 f.) Durch neue Erkenntnisse in Kapitel 3.3, wurde der Zusammenhang zwischen Leistungs- und Ergebniskennzahlen der vier Perspektiven untereinander, als Ursache-Wirkungszusammenhänge identifiziert. Der Verlauf der Ursache-Wirkungskette hängt dabei von der gegenseitigen Beeinflussung der Kennzahlen ab. Es hat sich gezeigt, dass aufgrund der fehlenden Leistungskennzahlen der finanziellen Perspektive, sich diese an der Spitze der Ursache-Wirkungskette befindet, gefolgt von der Kundenperspektive; welche wiederum von der Prozessperspektive und diese wiederum von der Lern- und Entwicklungsperspektive beeinflusst wird. Eine Verknüpfung der strategischen Ziele auf Grundlage der Ursache-Wirkungsbeziehungen, bilden eine „Strategy Map". Eine Strategy Map wurde deswegen auch, als die bildhafte Darstellung von festgelegten strategischen Zielen in Ergänzung zu einer Balanced Scorecard gesehen. Die Frage, was für Probleme bei der Strategieimplementierung auftreten, konnte bei näherer Betrachtung der Strategie beantwortet werden. Vier verschiedene Probleme wurden identifiziert. Demnach wird die Strategieformulierung häufig von der Strategieimplementierung getrennt. Die Folge ist, dass die Unternehmensziele von den Mitarbeitern nicht verstanden und somit auch nicht zielführend umgesetzt werden können.Ein zweites Problem findet sich in der ungenügenden Verknüpfung des Budgets mit den langfristigen strategischen Zielen. Das Resultat ist, dass die finanziellen Ressourcen mit den kurzfristigen Zielvorgaben verknüpft sind und somit die strategischen Ziele vernachlässigt werden. Ein weiteres Problem ist, dass Unternehmen die Anreizsysteme nicht mit den strategischen Zielen und Kennzahlen verknüpfen, wodurch es, wie bei den „wertsteuernden Unternehmen", zu Fehlanreizen kommt. Das letzte Hindernis bei der Strategieumsetzung, betrifft die Dauer des Reportings (Besprechungen). Es hat sich in der Praxis gezeigt, dass die Geschäftsleitungen, sowie die Führungsgremien von Unternehmen, nur eine Stunde pro Monat aufwenden, um eine Strategie zu überprüfen. Es wurde daraufhin ein aus sechs Phasen bestehender Managementkreislauf mit implementiertem PMS vorgestellt, um u.a. zu analysieren, ob mit einem PMS die Strategieprobleme gelöst werden können. Nach einer umfassenden Analyse des Kreislaufs, konnte festgehalten werden, dass alle Probleme behoben wurden. Die Verständnisschwierigkeiten, die auf Mitarbeiterebene mit der Strategie vorlagen, konnten durch eine klar strukturierte Strategiekommunikation (Strategy Map, Gespräche etc.) und „kaskadierte" Balanced Scorecards (auf andere Geschäftsebenen heruntergebrochene Balanced Scorecards) beseitigt werden. Mehr noch, konnte durch die Einführung und gleichzeitige Verknüpfung der „strategischen Ausgaben" mit dem Budget, ein Teil des Gesamtbudgets mit den langfristigen Zielen verknüpft werden.Zudem wurde festgestellt, dass eine Verbindung des Anreizsystems mit den strategischen Zielen, durch gewichtete Zielvorgaben auf Managementebene, gelöst werden konnte. Der letzte Kritikpunkt, dass die meisten Führungsteams weniger als eine Stunde im Monat für Besprechungen nutzen, konnte durch die geschaffene Transparenz, die durch das Performance-Management-System entsteht, beseitigt werden.Abschließend musste noch geprüft werden, ob das „Performance-Management-System" auch uneingeschränkt zu empfehlen ist. Kaplan und Norton argumentierten, dass die Anzahl der ausgewählten Kennzahlen keine Relevanz für den Erfolg einer BSC darstellen, solange diese durch Ursache-Wirkungsbeziehungen verbunden sind. Allerdings konnte in der abschließenden kritischen Würdigung gezeigt werden, dass Ursache-Wirkungsbeziehungen zum großen Teil durch Erfahrungen, Logik und Fachkenntnis hergeleitet werden müssen, wodurch die Gefahr besteht, die Unternehmensstrategie (durch falsche Ursache-Wirkungsketten) nicht vollständig bzw. ausreichend durch Kennzahlen abzubilden. Mehr noch, sorgen „Time-Lags" für eine Verzögerung der messbaren Ergebnisse. Unklare Verhältnisse von Verantwortungsbereichen hinsichtlich der Einflussnahme auf die Zielvorgaben und mangelnde Top-Management-Unterstützung kommen erschwerend hinzu. Externe Berater und Workshops können zwar bei der Implementierung hilfreich sein, schlussendlich liegt es jedoch an jeder Organisation selbst, ein Performance-Management-System zum Erfolg zu führen. Eine uneingeschränkte Gültigkeit des betrachteten PMS, in Bezug auf die Einleitungsfrage, kann aufgrund der ermittelten Schwächen somit nicht gegeben werden.

Literaturverzeichnis

Badura, A., Gebhardt, J. und Lampater, E. 2012. Balanced Scorecard als Führungsinstrument im strategischen Prozess. [Buchverf.] R. Gleich. *Balanced Scorecard Best-Practice-Lösungen für die strategische Unternehmenssteuerung.* Freiburg u.a. : Haufe, 2012, Bd. 19, S. 229-247.

Baltzer, B. 2015. Time-driven ABC. [Online] 29. Dezember 2015. [Zitat vom: 10. Februar 2017.] https://www.controlling-wiki.com/de/index.php/Time-driven_ABC.

Baum, H.-G., Coenenberg, A. G. und Günther, T. 2013. *Strategisches Controlling.* 5. Auflage. Stuttgart : Schäffer-Poeschel, 2013.

Brillen, A. 2011. Handelsblatt. [Online] 14. November 2011. [Zitat vom: 12. Februar 2017.] http://www.handelsblatt.com/unternehmen/mittelstand/balanced-scorecard-den-blick-in-die-zukunft-gerichtet/5416240.html.

Chandler, A. D. 2001. *Strategy and Structure. Chapters in the History of Industrial Enterprise.* 22. Auflage. Cambridge : MIT Press, 2001. (1. Auflage 1962).

Crowther, D. E. A. 1996. Corporate performance operates in three dimensions. *Managerial Auditing Journal.* 1996, Vol. 11, 8, pp. 4-13.

Feess, E. 2013. Gabler Wirtschaftslexikon. [Online] 12, Februar 2013. [Zitat vom: 30. Oktober 2016.] (Es handelt sich hierbei um eine "zitierfähige URL"). http://wirtschaftslexikon.gabler.de/Archiv/3210/system-v12.html.

Fischer, T. M., Möller, K. und Schultze, W. 2012. *Controlling.* Stuttgart : Schäffer-Poeschel, 2012.

Gitt, N., Völl, W. und Kettenring, T. 2013. Anwendung wertorientierter Steuerungskennzahlen in deutschen HDAX Unternehmen: Aktueller Stand und Entwicklungen. *Controlling- Zeitschrift für erfolgsorientierte Unternehmenssteuerung.* 25. Jahrgang, 2013, Heft 2.

Gleich, R. 2001 (a). *Das System des Performance Measurement.* München : Vahlen, 2001 (a).

—. 2001 (b). Leistungsebenen von Performance Measurement-Systemen. [Hrsg.] N. Klingebiel. *Performance Measurement & Balanced Scorecard.* München : Vahlen, 2001 (b), S. 67-87.

—. 2011. *Performance Measurement: Konzepte, Fallstudien und Grundschema für die Praxis.* 2. Auflage. München : Vahlen, 2011.

Gleisner, W. 2000. Aufbau einer Balanced Scorecard in der Unternehmenspraxis. *Bilanzbuchhalter und Controller.* 2000, Heft 6, S. 129-134.

Grady, M. W. 1991. Performance Measurement: Implementing Strategy. *Management Accounting.* 1991. p. 50.

Greiner, O. 2012. Balanced Scorecard: Erfahrungen, Erfolge und Probleme im praktischen Einsatz. [Buchverf.] R. Gleich. *Balanced Scorecard Best-Practice-Lösungen für die strategische Unternehmenssteuerung.* Freiburg u.a. : Haufe , 2012, Bd. 19, S. 65-84.

Grüning, M. 2002. *Performance-Measurement-Systeme: Messung und Steuerung von Unternehmensleistung.* Wiesbaden : Deutscher Universitäts-Verlag GmbH, 2002.

Hoffmann, O. 2000. *Performance Management Systeme und Implementerungsansätze.* 2. Auflage. Bern : Haupt, 2000.

Horvath & Partners. 2008. *Balanced-Scorecard-Studie.* [Studie] [Hrsg.] Horvath & Partners GmbH. Stuttgart : s.n., 2008.

Horvath & Partners GmbH. 2007. *Balanced Scorecard umsetzen.* 4. Auflage. Stuttgart : Schäffer-Poeschel, 2007.

Horvath, P. 1996. *Controlling.* 6. Auflage. München : Vahlen, 1996.

—. 2011. *Controlling.* 12. Auflage. München : Vahlen, 2011.

Horvath, P. und Kaufmann, L. 2009. Balanced Scorecard- ein Werkzeug zur Umsetzung von Strategien. *Harvard Business Manager.* 1, 2009, S. 17-26.

Hungenberg, H. 2006. *Strategisches Management in Unternehmen.* 4. Auflage. Wiesbaden : Gabler, 2006.

Hyndman, N. 1997. Performance targets and executive agencies: some empirical evidence. *Management Accounting.* 1997, Vol. 75, 6, pp. 30-50.

Johnson, L. 2007. Common Sense in Strategy Communication: Four Lessons from Canon USA. *Balanced Scorecard Report.* May-June 2007, pp. 6-7.

Kaplan, R. S. und Norton, D. P. 1997. *Balanced Scorecard.* Stuttgart : Schäffer-Poeschel Verlag, 1997.

—. 2009 (a). *Der effektive Strategieprozess.* Frankfurt u.a. : Campus Verlag GmbH, 2009 (a).

—. 2001. *Die strategiefokussierte Organisation.* Stuttgart : Schäffer-Poeschel, 2001.

—. 2009 (b). In Search of Excellence-der Maßstab muss neu definiert werden. *Harvard Business Manager.* 1, 2009 (b), S. 7-17.

—. 2009 (c). Management mit System. *Harvard Business Manager.* 1, 2009 (c), S. 39-55.

—. 2009 (d). Strategien (endlich) umsetzen. *Harvard Business Manager.* 1, 2009 (d), S. 56-66.

—. 1992. The Balanced Scorecard: Measures that Drive Performance. *Harvard Business Review.* January-February 1992, S. 71-79.

—. 1996. Using the Balanced Scorecard as a strategic Management System. *Harvard Business Review.* January-February 1996, S. 76. Reprinted with Permission.

Kaufmann, L. 2009. Der Feinschliff für die Strategie. *Harvard Business Manager.* 1, 2009, S. 30-36.

Klingebiel, N. 2001. Impulsgeber des Performance Measurement. *Performance Measurement & Balanced Scorecard.* München : Vahlen, 2001, S. 5-23.

—. 1998. Performance Management- Performance Measurement. *Zeitschrift für Planung.* Heft 1, 1998, Bd. 9, S. 1-15.

LaCasse, P. and Manzione, T. 2007. Initiative Management: Putting Strategy into action. *Balanced Scorecard Report.* November-December 2007, pp. 7-10.

Lebas, M. 1995. Performance Measurement and performance management. *International Journal of Production Economics.* Oktober 1995, Vol. 41, pp. 23-29.

Lux, W. 2010. *Performance Management.* Stuttgart : Kohlhammer, 2010.

Mackenzie, R. A. 1969. The Management Process in 3-D. *Harvard Business Review.* November 1969, p. 81 ff.

Maier, B. 2012. Balanced Scorecard als Controlling- Instrument in der
Gesundheitswirtschaft. [Buchverf.] R. Gleich/ A. Klein. *Balanced Scorecard:
Best-Practice-Lösungen für die Unternehmenssteuerung.* Freiburg u.a. :
Haufe, 2012, Bd. 19, S. 149-164.

Niven, P. 2009. *Balanced Scorecard Arbeitsbuch.* 2. Auflage. Weinheim : Wiley-
vch, 2009.

Norreklit, H., Jacobsen, M. and Mitchell, F. 2008. Pitfalls in using the balanced
scorecard. *The journal of corporate accounting & finance.* 2008, Vol. 19, 6,
pp. 65-68.

o.V. 2013. Gabler Wirtschaftslexikon. [Online] 9, 2013. [Zitat vom: 04.
November 2016.]
http://wirtschaftslexikon.gabler.de/Archiv/55279/management-v9.html.

—. 2003. Value Based Management: Shareholder Value Konzepte - Eine
Untersuchung der DAX 100- Unternehmen. [Hrsg.] KPMG. Frankfurt : s.n.,
2003.

—. 2015. Wirtschaftslexikon 24. [Online] 2015. [Zitat vom: 28. Oktober 2016.]
www.wirtschaftslexikon24.com/d/du-pont-kennzahlensystem/du-pont-
kennzahlensystem.htm.

Pesch, B. 2009. *Grundlagen der Metrologie: Messen, Kalibrieren, Prüfen.* Zülpich :
Books on Demand GmbH, 2009.

Pfohl, H. C. und Stötzle, W. 1997. *Planung und Kontrolle.* 2. Auflage. München :
Vahlen, 1997.

Raps, A. 2004. *Erfolgsfaktoren der Strategieimplementierung.* 2. Auflage.
Wiesbaden : Der Deutsche Universitäts-Verlag, 2004.

Reichmann, T. 1993. *Controlling mit Kennzahlen und Managementberichten.* 3.
Auflage. München : Vahlen, 1993.

—. 2011. *Controlling mit Kennzahlen: Grundlagen einer systemgestützten
Controlling-Konzeption.* 8. Auflage. München : Vahlen, 2011.

Schedler, B. H. 2005. *Leistungsmessung in multinationalen Unternehmen.*
Zürich : Schulthess Druck, 2005.

Schultz, V. 2015. *Controlling.* 2. Auflage. München : Deutscher Taschenbuch
Verlag GmbH & Co. KG, 2015.

Shenar, A. J. und Dvir, D. 1996. Long-Term Success Dimension in Technology-Based Organizations. [Buchverf.] G.H.Gaynor. *Handbook of Technology Management.* New York : McGraw Hill, 1996, S. 836-875. Chapter 32.

Simmonds, K. 1989. *Fundamentals of strategic Management Accounting.* London : The Chartered Institute of Management Accountants, 1989.

Spitzenpfeil, T. 2009. Verbesserung von strategischer Planung, Budgetierung und Reporting mit Hilfe von Strategy Map und Balanced Scorecard. [Buchverf.] P. Horvath. *Erfolgreiche Steuerungs- und Reportingsysteme in verbundenen Unternehmen.* Stuttgart : Schäffer-Poeschel, 2009.

—. 2012. Verzahnung von strategischer Planung und operativem Controlling bei Carl Zeiss. *ZFCM: Zeitschift für Controlling und Management.* 56. Jg, 2012, H. 5, S. 320-324.

Vohl, H.-J. 2014. Project Management Partners. [Online] 25. Juni 2014. [Zitat vom: 12. Februar 2017.] http://www.project-management-partners.de/assets/BSC-Studie-Vohl-2014.pdf.

Waniczek, M. 2008. *Unternehmensplanung neu.* Wien : Linde, 2008.

Weber, J. und Schäffer, U. 2014. *Einführung in das Controlling.* 14. Auflage. Stuttgart : Schäffer-Poeschel, 2014.

Welge, M. K. und Al-Laham, A. 2012. *Strategisches Management: Grundlagen-Prozess-Implementierung.* 6. Auflage. Wiesbaden : Gabler Verlag, 2012.

Wöhe, G. und Döring, U. 2013. *Einführung in die Allgemeine Betriebswirtschaftslehre.* 25. Auflage. München : Franz Vahlen, 2013.